ナチュラルガーデンの四季を彩る草花と花木
ポール・スミザーの おすすめ花ガイド

講談社

CONTENTS

PART1 こうしてできた私の自然流庭づくり

- essay1 私が自然から教わったこと 6
- essay2 自然流には農薬も肥料も要らない 8
- essay3 余分なものを使わない 自然のままが一番いい 12

PART2 おすすめ花ガイド 123

日向を好む草花 27 Sun loving

- 16 ●アサツキ ●アムソニア ●イキシオリリオン
- 17 ●イトススキ ●エキナセア ●カリガネソウ
- 18 ●ゲラニウム"ジョンソンズブルー" ●コマツナギ
- 19 ●コンボルブルス
- 20 ●サッカラム・ラヴェンナ ●サルビア"ライムライト"
- 21 ●センダイハギ
- ●ソルガストラム"インディアンスティール"
- ●ネペタ×ファーセニー ●ノコンギク

湿り気を好む草花 24 Moisture loving

- 36 ●アジュガ"カトリンズジャイアント" ●アストランチア ●アイ（イグサ） ●オオバセンキュウ ●オゼコウホネ ●カキツバタ
- 37 ●カマシア・リヒトリニー ●カラマツソウ ●クリンソウ ●サラセニア ●ジョンキルスイセン ●ノハナショウブ
- 40 ●ヒトモトススキ ●フトイ ●フリチラリア・メレアグリス ●マコモ ●リクニス"ホワイトロビン"
- 41 ●リグラリア・プルゼワルスキー

Paul Smither's Recommended Garden Plants

- 22 ● パニカム"シェナンドア"●ハマヒルガオ●フジアザミ
- 23 ●フレンチラベンダー●フロミス●ペニセツム"リトルバニー"
- 24 ●ベルゲニア"ウインターグラット"●ペンステモン・スモーリー"モリニア"ハイデブラウト"
- 25 ●ヤナギバヒマワリ●ユーフォルビア・ポリクロマ●ワトソニア

日陰を好む草花 24 Shade loving

- 26 ●アカンサス●アコニタム"アレンジー"●ウラジロ
- 27 ●アカンサス
- 28 ●エピメディウム"ニベウム"●オヤマボクチ●カタクリ
- 29 ●カレックス"シルバーセプター"●キバナホウチャクソウ●コウザキシダ
- 30 ●コシダ●シデシャジン●シノブ
- 31 ●シラネセンキュウ●タガネソウ●テンニンソウ●ナチシダ●ナルコユリ●ヒトリシズカ
- 32 ●プリムラ・ブルガリス●ブルンネラ"ジャック・フロスト"●ベニフウチソウ●ホスタ"ポールズグローリー"●ミツバシモツケ●ヤブラン
- 33

彩りのカラフルリーブズ 30 Colourful leaves

- 44 ●アサギリソウ●アジュガ"バーガンディーグロー"●アベリア"フランシス・メイソン"●アメリカキササゲ"オーレア"●オウゴンフウチソウ●オレガノ"ノートンゴールド"
- 45 ●カンナ"ストリアータ"●キョウチクトウ"バリエガタ"●ゲラニウム"ホーカスポーカス"●コルディリネ"アトロプルプレア"●コロカシア"ブラックマジック"●シマダンチク
- 48 ●シモツケ"ライムマウンド"●シモツケソウ"レッドアンブレラズ"●スイカズラ"オーレオティキュラータ"●スイスチャード●スキザクリウム・スコパリウム●ススキ"モーニングライト"
- 49

Paul Smither's Recommended Garden Plants

CONTENTS

高木と灌木 24 Trees & shrubs

- 52 ●セイヨウヒイラギ"サニーフォスター" ●チャンチン"フラミンゴ" ●テイカカズラ"黄金錦" ●ニセアカシア"アルトドルフ" ●ニューサイラン"ジェスター" ●ヒメツルニチニチソウ"イルミネーション"
- 53 ●ヒューケラ"パレスパープル" ●ファッツヘデラ ●ホスタ"メディオバリエガタ" ●ヤナギ"白露錦" ●ユーパトリウム"チョコレート" ●リグラリア"ブリットマリー・クロフォード"
- 56 ●アメリカハナズオウ"シルバークラウド" ●アメリカモチノキ ●オオベニガシワ ●ケナシヤブデマリ
- 60 ●コガクウツギ ●シャリンバイ"スプリングタイム" ●タイワンドキワアジサイ ●タニウツギ ●ダンコウバイ ●テコマリア"ルテア" ●ドウダンツツジ ●バイカウツギ
- 61 ●ハウチワカエデ"舞孔雀" ●ハマナス ●ヒトツバタゴ ●フイリサカキ ●フイリミズキ ●フェイジョア ●マルメロ ●ミツバウツギ ●ミナヅキ ●ミヤギノハギ白花 ●ヤナギバアカシア ●リキュウバイ
- 35 column1 笑顔の理由
- 43 column2 夏の池の周りで
- 55 column3 ススキの人気品種

PART3 私の庭仕事カレンダー

- 春のグラバルガーデンで …… 66
- コティヌス"グレース"とシモツケ"ライムマウンド"の切り戻し …… 69
- 多年草の摘心 …… 71
- 夏の庭を彩る葉の組み合わせ …… 73
- アメリカアジサイ"アナベル"の切り戻し …… 67
- 多年草の植え替え …… 68
- 水草の植えつけ …… 70
- 夏の雑草取り …… 71
- 害虫のチェック …… 72
- 夏のナチュラルガーデンで …… 72
- 夏の終わりの手入れ …… 74
- 秋の植えつけ …… 75
- 秋の見張り番 …… 75

76 索引

PART 1

こうしてできた
私の自然流庭づくり

子どもの頃に遊んだバーナム・ビーチズの森の大ブナ。この地は昔は炭焼きや牛の放牧など人の暮らしと深く関っていた。今は公園になっている。

ESSAY 1

私が自然から教わったこと

イギリスのテムズ川上流で私は生まれた。近くには豊かな森があって、幼い頃からそこでどろんこになって遊び、花や木や動物や自然のことをたくさん学んだ。

10歳の頃、友だちのトカゲを入れたガラスケースに石やシダで太古の世界を作り出し、友だちを喜ばせた。私の最初の作品である。

PART 1：こうしてできた私の自然流庭づくり

（上）バーナム・ビーチズのブナのうろで息子のジャックと。友だちとよくこうして遊んだものだ。（左）わが家の庭。手前が父に頼んで掘ってもらった池。

私の家は1950年代に開発された住宅地にあった。本を読んで「ワイルドライフ・ガーデニング」の考えを両親が引っ越してくる前は老夫婦が住んでいて、庭にはリンゴの木が1本と灌木が2本あるだけだった。

私は最初の園芸活動として、小遣いをはたいてワイルドフラワーのタネを買ってまいたが、出た芽をすべて鉢上げしたあげくに植えきれず、ほとほと困ってしまった。当時の私の知識はそんな程度だった。そこで父は自分も勉強して、よいと思った本を私に与えてくれた。

15歳で私は中学の授業以外に農業学校の実習を週1回受けていた。この頃、庭に自然（野生の動植物）を呼ぶ

ことを知った。父が池を掘ってもらい、キショウブやミソハギをタネから作って縁に植えると、肥料なしでもよく育った。それ以来、池は私の大きな興味の対象となった。

近くにレンガ工場の跡地があった。原料の粘土を採掘した残土が広がる異空間で、SFや戦争映画の撮影に使われていたが、ここはのちにほかでは見られない美しい牧草地に変わった。私はここで、やせた土に野草がきれいに生えることを知った。

自然流には
農薬も肥料も要らない

私は農薬をまいたことがなかった。白衣とマスクを着けて、ただの水を土にまいていた。私にとって虫や動物は友だちなのだから、歓迎することはあっても殺そうなどと考えるはずもない。

このようなウィズリーの教育と家で行っていた園芸との矛盾に私は戸惑ったが、それを補って余りある素晴らしい植物と出会い、貴重な体験をすることができた。

ウィズリーを卒業すると、私はそこで出会った日本の植物に会いたいばかりに日本に旅立った。川越の造園業の家に修業を兼ねて半年間ホームステイして、憧れの植物を訪ね歩いた。イギリスで大切に育ててい

17歳で王立園芸協会ウィズリーガーデンの園芸実習生に受かった。世界中から集まった仲間と一緒に植物について学び、各種作業をこなす充実した2年間の生活が始まった。
化学肥料や農薬の散布実習にも時間を費やしたが、

PART1：こうしてできた私の自然流庭づくり

右ページ（右）ウィズリーのウォールドガーデンのシダの木。レンガの壁が風を防ぎ昼間の熱で保温する。
（左）イギリスの庭によくなじんでいる日本原産のツルアジサイ。イギリスの庭に日本の植物は欠かせない。

（上右）ロングウッドガーデンの黄葉。（上左）近くの景勝地ブランディワインバレーの春。近くには独立戦争の古戦場があり、石造りの家など古いアメリカが残っている。

Adding heaps of gravel a place at regular intervals
Rake out level to required depth 3-4cm

た植物のどれもが、肥料なぞ必要とせずに普通の土で元気に生えていた。囲の森や川の流れがイギリスとよく似ており、私には居心地がよかった。

帰国してすぐにアメリカのロングウッドガーデンに1年間園芸の勉強に行くことにした。ここは20世紀初めに財閥のデュポンが土地を買い取って造った庭園で、周

当時のアメリカは芝生の庭に飽きて、イネ科植物が注目されていた。シカゴやニューヨークに行くと日本のススキが人気になってい

カラマグロスティスに大小のホスタと
オウゴンフウチソウの動きのある線と
色でデザインした庭。白い花はミツバ
シモツケ。軽井沢「絵本の森美術館」
のピクチャレスクガーデン。

野鳥の保護池として有名なロンドンのウェットランドセンター。人と沼地の共生の場でもあり、湿地の植物をよく観察することができる。

ESSAY 3 余分なものを使わない 自然のままが一番いい

19世紀半ばのイギリスで、牧草地保全の研究が始まった。百何十もの牧草に肥料を与えるのと与えないのではどう違うか、百数十年かけて調べたのだ。その結果、肥料を与えたところはイネ科の2〜3種類を残して全滅し、与えないところはほぼ昔のまま残った。

つまり植物には肥料は必要ないのだ。一時的な効果はあっても、最後には植物を滅ぼしてしまうのでは意味がない。化学肥料でも有機肥料でも同じである。

植えて水さえあれば、植物は自分の力で生きていく。

あるとき「ナチュラル・スイミングプール」という本で、植物を利用した自然の力で水を浄化する方法を

PART 1：こうしてできた私の自然流庭づくり

（上）八丈島のオオタニワタリ。母がスーパーで鉢植えを買ってきて、水をあげていた丈夫なシダ。昔の知り合いに再会したようでうれしかった。

（左）蓼科で働いていた頃、期待しないで訪れた場所でめぐり会ったコバイケイソウの群落。イギリスの仲間に写真を見せたら、素敵な庭のように見えると言った。

知った。土は入れずに砂利や石で根を固定し、水を自然に循環させる。水草は水さえあれば必要なものはすべて水から得るという言葉が、自分の経験と一致し自信がついた。

植物にとって一番いい環境は自然に生えているところだ。それを人間が勝手に、肥料を与えたり農薬をまい

たりしている。そんなことはやめたほうがいい。やせた土をよくするなら腐葉土かバーク堆肥をすき込めばいいし、雑草を生やしたくないなら地面を腐葉土かバーク堆肥で覆うか、シートを被せればいい。植物を友だちだと思って個性を尊重しながら自然につき合えばいい。そう、自然のままが一番いいのだ。

（右上）虫を見つけると記念写真を撮りたくなるが、なぜか逃げられることが多い。（右下）私の八ヶ岳の家の圃場。雑草を生やさないために、地面にシートを敷いてある。（左上）初来日のとき川越のピザ屋の裏で見たムラサキダイコン。ウィズリーでは一株ずつ鉢植えで大事に育てていた。（左下）蓼科で出会った大きな葉のヤグルマソウ。橋を渡った川沿いにいっぱいあった。イギリスではこれを知っていると植物の通で鼻が高い。

＊本書で紹介した以外にもおすすめの植物は講談社より既刊の『ポール・スミザーの自然流庭づくり』に載っています。併せてご覧ください。

PART 2

おすすめ花ガイド123

♦♦♦ RECOMMENDED GARDEN PLANTS 123 ♦♦♦

Sun loving

日向を好む草花

ここで取り上げる草花は、一度植えれば大して手間がかからない多年草（宿根草）と球根であり、草花いもの同士になってしまう。そんなことを一生懸命扱いされる小低木も少し混ざっている。手間がかかり派手な一年草は、ショーを見せるのにはよいが、庭に植えるのはすすめない。

日本の四季の中で長い期間育ち、毎年成長する姿を見せてくれるのが楽しみになるようなものを選んだ。

とかく日向に植える草花を選ぶときは花に目が行きがちだが、花のことばかり考えると中身のないつまらない植栽になる。葉との組み合わせをしっかりと考えるべきだ。

日向を好む草花の葉は直射光から身を守るために、細長くて硬いものが多い。したがって、花を中心に選ぶと葉の形も色も変化のないもの同士になってしまう。そんなことを一生懸命すすめるつもりはない。

組み合わせが大事というのは、たとえば春に咲く球根の場合、咲き終わると葉は枯れて何もなくなってしまう。そこで、その隣にその頃に芽が動きだす多年草を植えておけば、初々しい新芽とそれに続くグリーンが楽しめる。

そのグリーンも濃淡があるし、ほかにも黄や赤やオレンジ、白、斑入りの葉もあり、秋から冬の寒さで色づくものも含めれば、個性豊かな組み合わせを楽しむことができるのだ。

001 *Allium schoenoprasum* var. *foliosum*

アサツキ

ユリ科の球根。チャイブの変種でより小さく野菜として出回る。青く細い葉が4月に出て夏になる前の涼しい時期に成長し、6月に青紫色の花を咲かせる。葉は花後に変色して夏には枯れ、秋にまた復活する。葉のある春または秋に1本ずつ分けて植えるとよく根づく。はっきりした特徴を持つ植物をいくつか植えてから、その間にアクセントとして植えるのに最適。

002 *Amsonia hubrichtii*

アムソニア

キョウチクトウ科の多年草。北米原産のチョウジソウの仲間で1942年に発見された。松葉のような葉が特徴で、庭に植えるとよく伸びて丈夫に育つ。4〜5月に薄い青色の花が咲き、花後は葉が煙のようになって高さ70〜80cmの柔らかなボリュームを作る。花壇の奥に植えて背景に使うのによい。葉は秋に黄色に色づく。株が硬く分けるのは難しいがタネでよく殖える。

003 *Ixiolirion tataricum*

イキシオリリオン

ユリ科の球根。6月に咲く球根は少ない。高さ60cmで青色の花を咲かせ、花数が多いので長く咲いているイメージがある。水はけのよい土なら丈夫に育ち寒さにも強い。花後に葉が黄色くなってなくなるので、ナッセラやスティパなどイネ科の植物の下やグラバルガーデンに植えるのにぴったり。アサツキと同じくあとから植えるアクセントに使ってもいい。

Sun Loving

004 *Miscanthus sinensis* 'Gracillimus'

イトススキ

イネ科の多年草。すっきりした葉は風にゆれると風情がある。斑入り品種にタカノハススキがあるが、2m以上になり場所をとる。基本種のこちらは高さ1.5mほどであまり横に広がらず行儀がいい。手間はかからないが、大きくなったと思ったら掘って3分の1をさらに分けて植えなおす。目隠しに最適で屋上緑化にもよい。土が少ないと小さくなる。

005 *Echinacea purpurea*

エキナセア

キク科の多年草。6～8月にピンクの大輪花を咲かせる。花が大きいと面倒なものが多いが、これは丈夫で寒さにも乾燥にも強く手間がかからない。丈夫な品種に'マグナム'がある。足元に何もなければ、こぼれダネで殖え2～3年で開花する。メドウガーデンの必需品でガウラやクガイソウなど先の尖った繊細な植物と組み合わせるか、イネ科植物とも相性がいい。

006 *Caryopteris divaricata*

カリガネソウ

クマツヅラ科の多年草。日本の山野に生えるが、まだ野生のものに出会ってない。8～10月に青紫色の花が間隔をあけてバランスよくつく。花からは白く長いしべが飛び出て湾曲する。6月頃から成長を始めるので、タイムなど低いものと組ませるといい。乾燥に強く丈夫。私はタネで殖やすが、さし木すると全部つくので初心者が自信をつける練習台にちょうどいい。

007 *Geranium* 'Johnson's Blue'

ゲラニウム
'ジョンソンズ ブルー'

フウロソウ科の多年草。仲間は多いが、花がたくさんつくうえ手入れが楽でおすすめ。5～6月に澄んだ青色の花を咲かせる。春か秋に1個ずつ細かく株分けしても、1年目で咲くほど成長が早い。3年に1度くらい株分けすると元気になる。咲き終わったら株元から刈り取ると秋にまた咲く。秋にきれいに紅葉する。低いビンカやイネ科植物と組み合わせるといい。

008 *Indigofera pseudotinctoria*

コマツナギ

マメ科の小低木。7～9月、上品な葉のわきに淡い赤紫色の尖った花穂をつける。出回っていないので、田んぼのわきの株からタネを採って育てる。秋から新芽が動く春までに、株元を少し残して強剪定すると高さ30～40㎝で咲く。花壇の手前に植えたり、乾燥に強いので石積みの間などの高所に植えて楽しむ。香りをかいだことはないがハチがよく飛んで来る。

009 *Convolvulus cneorum*

コンボルブルス

ヒルガオ科の常緑小低木。基部が木化して横に這い、4～5月に白いろうと形の花を咲かせる。銀白色の葉も美しい。1980年頃イギリスで人気があった。寒さに弱いと思っていたが、宝塚では10年以上地植えで保っている。乾燥気味の小さな庭向きで、栄養のある土に植えたりせず、砂利や石積みの間に這わせるといい。周辺に横に這う植物がいないと長生きする。

Sun Loving

010 *Saccharum ravennae*

サッカラム・ラヴェンナ

イネ科の多年草。地中海から北アフリカ原産のサトウキビの仲間。パンパスグラスは耐寒性がないが、こちらは寒さに強いので北国向き。ポット苗を植えて3年経つとやせた土地でも3m以上になる。樹木のつもりで場所を確保すること。株分けできるがとにかく硬いので苦労する。花穂はピンクから紫色に変化する。大きな目隠しや屋上緑化にも向く。

011 *Salvia mexicana* 'Limelight'

サルビア'ライムライト'

シソ科の多年草。夏〜秋に咲く花は濃い紺に近い青紫色で、薄い黄色の穂とのコントラストが美しい。私の大好きな花の一つ。土質は選ばず成長が早い。母種はメキシコ原産で高さ1〜1.5mになるが、やせた土だと一回り小さくしっかりとできる。咲く前に半分くらいを切り戻しても低くでき、さらに花期が遅れるので長く楽しめる。さし芽で簡単に殖やすことができる。

012 *Thermopsis lupinoides*

センダイハギ

マメ科の多年草。北国の海岸に生える日本の野草。最初に見たのは北海道でハマナスと一緒に黄色い花火のように咲いていた。花期は5〜6月。高さ50〜80cm。砂質土かやせた土地でしっかりと育つ。地下茎を出して動き回るので、同じく動くシモツケソウやイネ科のミスカンサスやパニカム、タネで広がるアヤメなどと組ませると楽しい。屋上緑化にも適している。

013 *Sorghastrum nutans* 'Indian Steel'

ソルガストラム'インディアンスティール'

イネ科の多年草。北米の草原に生える。高さ1.5mくらいになり、立ったり横になったりして、日がよく当たるところに植えると葉色が冴える。夏の暑い時期に活躍してくれる貴重な存在で目隠しに便利。穂は細いものと広がるものがある。コティヌス'グレース'など紫系のはっきりした濃い色に組ませるといい。葉は秋にオレンジ色に色づく。株分けで殖やせる。

014 *Nepeta × faassenii*

ネペタ×ファーセニー

シソ科の多年草。別名ブルーキャットミント。高さ30～60cmとコンパクトな姿なので人気があるが、いい土に植えると暴れて手に負えない。多少いじめるとよい。グラウンドカバーにも向く。セージと同じような香りがあってよくネコが寄ってくる。5～6月に青紫色の花がついた穂を立ち上げる。花後切り戻すともう一度咲くが、切らないと伸びて倒れてしまう。

015 *Aster microcephalus* var. *ovatus*

ノコンギク

キク科の多年草。日本の野ギクの代表で、野尻湖で採ったタネからは青紫、ピンク、白などいろんな花色が出たが、どれも元気で木陰に植えたらよく茂った。乾燥に強く8～10月まで長く咲く。日当たりのいい花壇でオミナエシなどの草原に生えるものとよく合う。タネからだと同じ花色にならないので、気に入った花色の株に目印をつけておき、さし芽か株分けで殖やす。

Sun Loving

016 *Panicum virgatum* 'Shenandoah'

パニカム'シェナンドア'

イネ科の多年草。キビの仲間で母種は北米〜中米原産。高さ約1m。品種が多数あるが本種は小ぶりで倒れることなく、丈夫で寒さにも強い。上品な感じがする。成長開始が遅いので春が見ごろのものと組ませ、夏の暑い時期に活躍させるといい。7〜8月に穂を立ち上げる。葉先が新芽から赤くきれいで、秋の紅葉は黄色が加わって燃え上がるよう。株分けでよく殖える。

017 *Calystegia soldanella*

ハマヒルガオ

ヒルガオ科の多年草。海辺の砂浜につるを伸ばして這い回り、5〜6月にピンクのろうと形の花を咲かせる。苗で少量出回る。海辺でなくても大丈夫で砂や浅い土でよく育ち、駐車場の砕石の間やビルの上でもよい。葉は小さくて可愛くカレックスやスティパ、タイムなど低いものと組ませること。高いものが近くにあって日当たりが悪いと枯れてしまう。

018 *Cirsium purpuratum*

フジアザミ

キク科の多年草。一株で0.8〜1mくらいの幅になり、葉はアカンサスに似る。花や葉に鋭いトゲがあるので触りたくないが、8〜10月に咲く花はきれいだし、野草でこれほど大きな葉を持つものは少ない貴重な存在。咲きすぎて消えてしまうことがあるが、子株を残すほか、こぼれダネでも殖える。乾燥した草地にほかのものと植えるとコンパクトになって楽しめる。

019 *Lavandula stoechas*

フレンチラベンダー

シソ科の多年草。5〜7月に青紫色の花を咲かせる。花色の濃淡や花穂の長短などの違うたくさんの品種がある。イングリッシュラベンダーに比べて花は派手だが寒さに弱い。砕石の間やグラバルガーデンに植えると形よく育ち、古い枝から新芽を出すので強い剪定ができる。大きくなったら切ってコンパクトに戻すとよい。さし木でよく殖える。

020 *Phlomis fruticosa*

フロミス

シソ科の小低木。英名エルサレムセージ。丈夫で成長が早いわりにあまり使われていないのは、見た目が難しそうに見えるからだろう。高さ1〜1.3m。黄色い花を初夏から初秋まで長く咲かせる。葉の表にしわが多く、裏は細かい白毛が生えて上品な感じ。やせた土地に向き、いじめると長生きする。宝塚では植えて10年目でますます元気だ。さし木でよく殖える。

021 *Pennisetum alopecuroides* 'Little Bunny'

ペニセツム'リトルバニー'

イネ科の多年草。海外で大人気のチカラシバの園芸品種。丈夫で高さ30〜40cmとコンパクトなので、どこにも使いやすい。チカラシバの花穂は茶色っぽいが、こちらは緑を帯びたクリーム色でやさしい感じがする。株分けで殖えるが、春に行うと新芽がはっきりとわかるので失敗がない。動き出すのは遅いので春の球根が咲いてから芽が出る。こぼれダネでもよく殖える。

Sun Loving

022 *Bergenia cordifolia* 'Winterglut'

ベルゲニア'ウインターグラット'

ユキノシタ科の常緑多年草。シベリアユキノシタの園芸品種で2～3月に濃いピンク花を咲かせる。葉は丸くてヒマラヤユキノシタより大きく、秋から冬に濃い赤紫から黒っぽい緑に色づくのが特徴。性質は丈夫で手間はかからない。半日陰を好み、日陰では花が咲かないし葉もきれいにならない。イネ科の植物と組み合わせるとよい。株分けできるがタネでも殖える。

023 *Penstemon smallii*

ペンステモン・スモーリー

ゴマノハグサ科の多年草。北米原産。初夏に高さ60cmほどの花穂を立ち上げて薄紫色の花を咲かせる。ペンステモンの園芸品種は耐寒性がないので、保険のつもりでさし芽で苗を作っていたがスモーリーは丈夫で、八ヶ岳では－10℃でも冬を越す。湿り気のある土を好むが、砂利や石積みの間でも育つ。葉は秋に薄赤く色づく。さし芽とタネでよく殖える。

024 *Molinia caerulea* ssp. *caerulea* 'Heidebraut'

モリニア'ハイデブラウト'

イネ科の多年草。園芸誌でドイツの公園の美しい植え込みを見て興味を持った。高さ40～50cm。軟らかい葉がびっしりと生えてハリネズミのような姿になる。葉は秋になると美しい黄色に色づく。ゲラニウムやペンステモンなどの低めの多年草と組み合わせるが、数が少ないと目立たないので多めに植えてやること。冬に葉が残ったら春先に切り戻してやる。

025　*Helianthus salicifolius* 'Golden Pyramid'

ヤナギバヒマワリ

キク科の多年草。高さ1〜1.2ｍ。葉が細長いヒマワリの仲間。品種名'ゴールデンピラミッド'のとおり、秋に明るい黄花を群開させる。咲くと花の重みで倒れやすいので、咲く前60㎝で切り戻すか、バニカムなどの中に入れる。広い場所なら倒れても茎が立ち上がって咲く。やせた土地に植えて成長を抑えるのもいい。秋に株分けと初夏に出る新芽をさして殖やす。

026　*Euphorbia polychroma*

ユーフォルビア・ポリクロマ

トウダイグサ科の多年草。高さ40〜60㎝のこんもりとした丸い株になり、4月に黄色い萼が美しい花を咲かせる。こぼれダネでどんどん生え広がり2年目で開花するが、あまり細かい根は出さず3〜4年で消えてしまうから苗を用意しておくといい。大株はだめだが小株のうちなら植え替えできる。荒地に真っ先に生えるパイオニア植物なのでやせた土地に向く。

027　*Watsonia confusa*

ワトソニア

アヤメ科の球根。6月に花穂を立ち上げてピンクまたは白いラッパ形の花を咲かせる。南アフリカの高原の牧草地に生えている写真を見て、上品な感じで栽培は難しそうに思ったが、じつは丈夫で簡単。日本の下町ではトロ箱やブロック塀の下で元気に咲いている。日本は冬が乾燥気味なのでちょうどいいのだろう。殖えすぎたら分球するくらいで手間がかからない。

◆◆◆ RECOMMENDED GARDEN PLANTS 123 ◆◆◆

Shade loving

日 陰 を 好 む 草 花

㉔

ひと口に日陰と言っても、いろいろな日陰がある。

樹木の下の「木陰」は、木漏れ日が当たるやさしい日陰で、ここにはギボウシやアジュガなどの花も葉も楽しむことができる植物がたくさん植えられる。

それより濃い「半日陰」は、建物や塀で日の当たる時間が限られるか西日だけが当たるような場所で、ギボウシやアジュガなどは植えることができる、育ちは悪くなり花も咲きにくくなる。

さらに「濃い日陰」になると、建物に囲まれて間接的な日が当たるのみで、ここでは花を見ることはない。無理に植えても消えてしまうので、シダ類やカレ

ックスなどのスゲ類が中心の植栽となる。

湿度のあるなしも問題で、雨水がたまるような「湿った日陰」で排水がよければ、ギボウシやアジュガなどが植えられるし、シダ類も出番が多くなる。

これが「乾燥した日陰」となると、植えても生き残れる植物はまれだ。どうしても植えるなら、土を掘り返して腐葉土やバーク堆肥などをたっぷり入れて保水性を高めてやる。

日陰は以上の5つで構成されているので、自分の庭の日陰がどれかを調べておくといい。そして近所の似たような環境を探して、どんな植物が生えているかを調べるとなおいい。

028 *Acanthus mollis*

028 アカンサス

キツネノマゴ科の多年草。イギリスでは必ず日のよく当たる場所に植えるが、日本では暑い時期に葉が汚くなるので、半日陰に植えてやればずっと緑を保つ。ただし花数は少なくなる。葉は高さ1mくらいで花茎は2mにもおよぶ。木陰の奥に何かあったほうがいいという場所に向く。葉が大きいので夏に背が高くなるタカノハススキなどと組み合わせるといい。

029 *Aconitum carmichaelii* 'Arendsii'

029 アコニタム'アレンジー'

キンポウゲ科の多年草。ハナトリカブトの園芸品種で、軽井沢では10〜11月の花のない紅葉の時期に咲く。葉はすべすべして雨に強く、高さ1.5〜1.7mになるが支柱など必要ないほどしっかりしている。湿気のある日陰から半日陰にバーク堆肥などを敷いて植えるとよい。殖やすには根を分けるが、猛毒があるので手袋をはめて汁が口に入らぬよう気をつけること。

030 *Gleichenia japonica*

030 ウラジロ

ウラジロ科のシダ植物。植える人が少ないが、四国で山の斜面全体を覆っている素晴らしい光景に出会ったことがある。根茎を長く伸ばして這い広がるので、芽をつけて切ってシャガの生えるようなところにバーク堆肥などを敷いて植える。一度根が張れば日向になっても丈夫に育つ。ギボウシの青いりっぱな葉やオウゴンフウチソウの黄色い葉と組み合わせるといい。

Shade loving

031 *Epimedium×youngianum* 'Niveum'

エピメディウム'ニベウム'

メギ科の多年草。イカリソウの雑種のヒメイカリソウの園芸品種。高さ20～30cmで4～5月に白い花を咲かせる。ノリウツギの木陰にヒューケラやケマンソウ、クガイソウ、ナルコユリなどと段差をつけて植えるといい。芽があれば細かく株分けしても成長は早く、グラウンドカバーにもなる。世話しなくてもそれなりに元気だが、植え直すとどんどん生え広がる。

032 *Synurus pungens*

オヤマボクチ

キク科の多年草。高さ1～1.5mのアザミに似た野草で林の南向きの斜面などに点々と生えている。花や葉裏に生える毛を集めて火をつける火口（ほくち）にした。葉は大きなハート形でギボウシやヤグルマソウに負けないボリュームがあり、乾燥した日陰でよく耐える。タネをたくさん作るので何年も持たないが、こぼれダネでよく殖え、子株のうちなら移植できる。

033 *Erythronium japonicum*

カタクリ

ユリ科の球根。林内の斜面によく生え4～5月にピンクで上品な花を下向きに咲かせる。球根は小指の先ほどで、落葉樹の木陰に腐葉土やバーク堆肥を混ぜて植える。スノードロップと同じで一度順応すればうそのように群生するが、期待するとうまく行かないので、おまけと考えて植えるといい。より育てやすい黄花のエリスロニウム'パゴタ'もおすすめだ。

034 *Carex morrowii* 'Silver Sceptre'

034

カレックス'シルバーセプター'

カヤツリグサ科の常緑多年草。細い葉の両側に白い斑が入り銀色に見える。常緑樹の下の半日陰でグラウンドカバーとして元気に育ち、明るい雰囲気にしてくれる。苗を30㎝間隔で植えて2〜3年経つと、高さ30㎝くらいの茂みになる。葉が混んできたら3月にスポーツ刈りにするか株分けする。株分けは水で洗い、芽を確かめて分けて葉を半分切って行う。

035 *Disporum flavens*

035

キバナホウチャクソウ

ユリ科の多年草。朝鮮原産。高さ50㎝。4月にうつむいた茎先に黄色い花を吊り下げる。半日陰で周囲に激しく動き回る植物のない場所がよく、大人しいイカリソウやカタクリ、ヒトリシズカなどと相性がいい。玄関先や石積みの間などどこに生えているかはっきりわかるように植える。ふわふわの土が好きで毎年腐葉土やバーク堆肥を株元に足してやる。成長は早い。

036 *Asplenium ritoense*

036

コウザキシダ

チャセンシダ科のシダ植物。高さ30〜40㎝の小形のシダ。私の住んでいる八ヶ岳周辺でよく見る。ライムグリーンのレースみたいな複雑な模様をしていて、日陰なら湿っていなくても奥ゆかしく広がって行くが、乾燥気味だと小さくなる。グラウンドカバーに最適で、何となく見てほしくないところに植えるとグリーンで塗りつぶしてくれる。球根との相性がいい。

Shade loving

037 *Dicranopteris linearis*

コシダ

ウラジロ科の常緑シダ植物。図鑑には福島県以南に分布とあるが、八ヶ岳周辺では見かけない。葉は長さ20㎝から大きくなると2mにもなる。葉の形がはっきりとした、古代を連想させるジュラシックプランツで、東京でジャングル風の植栽を頼まれたときに植えた。常緑なのでギボウシの葉がなくなってから目立つ。斜面や石積みの間がよく、ホテルの中庭などもよい。

038 *Asyneuma japonicum*

シデシャジン

キキョウ科の多年草。高さ1m以上になるが、初めて見た軽井沢では石積みの間で30㎝ほどだった。7～8月に青紫色の細い花弁が絡まった花を咲かせる。タネを採って苗を作り春に木陰に植えると、夏になって急に元気に横に生え広がる。斜面に植えてもいい。高さを抑えるなら6～7月に切り戻すか、乾燥したところに植えるとよい。株分けとタネで簡単に殖える。

039 *Davallia mariesii*

シノブ

シノブ科のシダ植物。葉の長さ15～30㎝。水ゴケにつけて木にしばったり切り株の上に置くと雰囲気がある。宝塚では古いサクラの木のうろに水ゴケをつめた中に入れて楽しんだ。葉は秋にオレンジ色に美しく色づく。根には毛がびっしりと生えていて、株分けは春に芽があるのを確かめながら根を切って行う。冬越しは根が乾かないところなら放っておいても大丈夫。

040 *Angelica polymorpha*

040 シラネセンキュウ

セリ科の多年草。林の縁でよく見る野草で山の雰囲気がある。高さ1.5mになるが40cm程度で収まることもあり、9～11月に白い小花が集まった傘状の花を咲かせる。つぼみはピンクで茎は紫色を帯び上品で美しい。あまり長生きしないが、こぼれダネで勝手に殖えるので、一回植えれば半日陰～日陰で絶えることはない。

041 *Carex siderosticha* 'Variegata'

041 タガネソウ

カヤツリグサ科の多年草。高さ40cm。軽井沢の得意先の奥様が分けてくれたのが最初。白い斑が入った明るいグリーンが、暗い日陰に植えるグラウンドカバーにぴったりだった。新芽が少し動き出した春先にばらばらにして分け、数本ずつ湿った場所に植えると1年で見ごたえのある株になる。冬には葉が完全になくなるので、常緑の下草を混ぜておくといい。

042 *Leucosceptrum japonicum*

042 テンニンソウ

シソ科の多年草。山の木陰に生え高さ1m以上になる。花色に黄色が混ざるのが美しい。下草が大好物のシカがなぜか食べないが、虫には好かれて葉はたいてい孔が開いている。高地では6月ころ葉を早めに出してじっと待っていて、8～9月の暑くなってから花穂を立ち上げる。私はノガリヤスと合わせるのが好きだ。さし芽とタネで殖やすのは簡単。

Shade loving

043 *Pteris wallichiana*

ナチシダ

イノモトソウ科の常緑性シダ植物。プラスチック製のような薄いライムグリーンの葉で、高知市の牧野植物園で初めて見た。ナキリスゲとツワブキと一緒に石積みの間に植えられて絵になっていた。常緑性なので一年中きれいにしている東京の庭に最適。しっかりした株になるので株分けはしない。胞子を採ってピートモスにお湯をかけ、冷めたときにまいて殖やす。

044 *Polygonatum falcatum*

ナルコユリ

ユリ科の多年草。茎が弓なりにしなって高さ60〜70cmになるが、木陰から半日陰の場所が好きで、湿ったデッキ下の株は1mほどに育っている。斜面や石積みの間で横や下から眺めるように植えたい。クジャクシダの茂みから出てくると素敵で、ところどころ跳び出るようにするといい。地下茎を分けて殖やせるが、無理にする必要はなく植えっ放しでよく育つ。

045 *Chloranthus japonicus*

ヒトリシズカ

センリョウ科の多年草。八ヶ岳に植物調査に来た大学生たちが初めて見て感動して、大騒ぎになった思い出がある。高さ20〜30cmで4〜5月に白い花穂をつける。フタリシズカやキバナホウチャクソウなど小形のもの同士で植えると管理しやすい。株分けはバケツの中で水浸しにしてかなり細かく分けても大丈夫。手入れしやすいところに腐葉土を混ぜて植える。

解説は34ページ

049 *Hosta* 'Paul's Glory'
ホスタ'ポールズグローリー'

046 *Primula vulgaris*
プリムラ・ブルガリス

050 *Gillenia trifoliata*
ミツバシモツケ

047 *Brunnera macrophylla* 'Jack Frost'
ブルンネラ'ジャック・フロスト'

051 *Liriope muscari*
ヤブラン

048 *Hakonechloa macra* 'Beni-kaze'
ベニフウチソウ

Shade loving

写真は33ページ

049 ホスタ'ポールズグローリー'

ユリ科の多年草。アメリカのコンテストで優勝したギボウシの園芸品種で、葉は黄緑色の地に縁が濃い緑のシックな感じ。これを選んだのは、春から夏にかけて徐々に黄色が混じる色の変化が楽しめるから。青い葉のもの同士で植え込むと面白い。高さ1mくらいに大きくなるので、広い庭の半日陰で高めのグラウンドカバーにおすすめ。狭い庭ならこれ1株で充分なボリュームがある。

050 ミツバシモツケ

バラ科の多年草。北米東部原産でシモツケによく似た葉をつける。5～6月に長細い星形の白花を咲かせる。高さ1mほどになり群植すると美しいので広い面積に使え、半日陰から日向でよく育つ。秋にモミジに負けないほど真っ赤に紅葉する。昔から気になっていた植物で、山草屋で鉢植えを手に入れて地植えしたらすぐに大きくなった。タネからでも株分けでもよく殖える。

051 ヤブラン

ユリ科の多年草。斑入り葉もあるが、私は花が好きなので緑葉の原種を使う。長さ50～60cmの葉を茂らせて、8～9月の花のない時期に花穂を立ち上げて青紫色の小花を咲かせる。日向や半日陰に背景を作りたいときに植える。乾燥に強く株分けすれば1本ずつでも殖えるので、予算がないときは非常に助かる。スイセンやカマシアなど大き目の球根とも相性がよい。

046 プリムラ・ブルガリス

サクラソウ科の多年草。英名プリムローズ。高さ20～30cmで4月に黄色い花を咲かせる。花後に株分けして殖やすが、根が1本でもあれば必ずつく株分けするためにあるような植物。日陰の芝生に植えるのに適し、私の生地バークシャーで子どもの頃、牛のフンを蹴って遊んだ牧草地や生け垣の足元などに普通に生えていた。もちろんクツは帰りに川でよく洗った。

047 ブルンネラ'ジャック・フロスト'

ムラサキ科の多年草。明るい緑の葉脈に白斑の葉が美しく、5月にワスレナグサに似た青い花を咲かせる。花後は葉が傷みやすく、あまり暑いとなくなってしまう。半日陰で湿り気のある涼しい場所に、腐葉土などを混ぜてふかふかにして植える。5月のフラワーショーに欠かせないが、夏に弱いのでメインの植栽には用いない。黄色い斑入り品種の'ハスパンクリーム'もきれい。

048 ベニフウチソウ

イネ科の多年草。先の赤い葉が混ざったフウチソウの園芸品種で、ベニチガヤに似ている。私は根を土ダンゴにして石壁の間に入れて枝垂れる姿を楽しんでいる。フウチソウは自然でも枯れた枝のうろなどに生えている。アメリカのロングウッドガーデンでシダのハンギングバスケットに入っているのを見たとき、これは使えると感じた。半日陰でよく育ち株分けで殖やす。

COLUMN 1
私の庭仕事カレンダー

June. 23th

笑顔の理由

　私が学生のときにたくさんやらされたように、何も植えていない広い場所の草取りをすることは決して好きになれない。自分の庭では、苗を植えるとき、いつも間隔をぴったりとつめるのは、雑草が生える前に地面を植物で覆ってしまいたいからだ。さらに5cmの厚さに腐葉土で地面を覆うと、雑草の発芽を邪魔することができる。

　それにもかかわらず雑草が出現したが、数はどんどん少なくなっている。それが私の笑顔の理由だ。

♦♦♦ RECOMMENDED GARDEN PLANTS 123 ♦♦♦

Moisture loving

湿り気を好む草花

⑱

もし植物にとって何が一番大事かと聞かれたら、即座に水と答える。土がやせていても日当たりが悪くてもそのために植物が枯れることはないが、水がなくては生きていけない。

ここで紹介する植物は水中や水辺に植えるものも多く、池や大きな水鉢に植えて楽しむことができる。その際に参考にしてもらいたい方法がある。

水中や水辺の植物を利用した「ナチュラル・スイミングプール」の考え方は、1980年代初期にオーストリアから始まった。プールの底や縁に砂利や砂を敷き、根洗いした水草や水辺の植物を石で固定して、植物の根のろ過力と水中のバクテリアの浄化力を利用して水をきれいにするのだ。水は自然に循環する。

宝塚の庭の上流の沢が汚染されたとき、私はこのやり方を利用した。沢の水をせき止めて砂利を敷き、植物を石で留めて自然の力で水の浄化に成功した。

土はもちろん、肥料も与えない。植物は水に含まれるわずかな栄養で成長する。土がないから藻の発生が抑えられる。このように、植物が生きていける最低限の環境を作ってやれば、あとは放っておいてやるだけ。

池だけでなく鉢でもこの方法を利用することができるが、ラーメンのスープを作る寸胴くらいの大きさと深さの鉢が必要となる。

36

PART2：おすすめ花ガイド123

解説は38ページ

055 *Angelica genuflexa*
オオバセンキュウ

052 *Ajuga reptans* 'Catlins Giant'
アジュガ'カトリンズジャイアント'

056 *Nuphar pumilum* var.*ozeense*
オゼコウホネ

053 *Astrantia major*
アストランチア

057 *Iris laevigata*
カキツバタ

054 *Juncus effusus* var.*decipiens*
イ（イグサ）

Moisture loving

写真は 37 ページ

オオバセンキュウ 055

セリ科の多年草。9月の野尻湖畔で高さ2mの株に出会った。直径20cmくらいの傘のような花序は白にピンクが混じって美しく、葉も大きくて見ごたえ充分だった。タネを採って育てたが3～4年でなくなりやすいので、こぼれダネでできる苗を残しておく。セリ科の野草は日本中にあるのになぜか使われていない。草原の雰囲気の植栽に高さを出すのに最適。

アジュガ 'カトリンズジャイアント' 052

シソ科の多年草。数多いアジュガの品種の中で、濃いチョコレート色の葉と20cmの大きな花穂がよく目立つ。アジュガは私の実家近くの馬車道に生えていて、ウマに踏まれながら湿った牧草地に点々と広がっていた。早春に咲くので芽だしの遅いタカノハススキと組ませるとちょうどいい。ランナーを出して殖えるが、株分けとさし芽も簡単で、地面に直接さしてもつく。

オゼコウホネ 056

キンポウゲ科の多年草。しべが赤いのが特徴。水中の泥に根茎を這わせ、茎を伸ばして丸い葉を水面に浮かせる。手が届けば池の底に田植えのように根茎を植えるが、土と重しの石を入れた麻袋に植えて1mほどの池に沈めると、茎が光に向かって伸びてくる。鉢に植えるならある程度深いほうがいいので、ラーメンを作る寸胴（古くなった）などがいいと思う。

アストランチア 053

セリ科の多年草。高さ50～60cmの丸い株になるので、3株ずつ間隔をあけてグラウンドカバーに利用する。5～7月に半球状の白またはピンクの花を咲かせる。湿り気のある日向から半日陰でよく咲き、乾燥しているとうまく育たない。水洗いしながら細かく株分けして植えると1年で大きくなるので、3年に1回行うとよい。入れておけば何とかしてくれる便利屋さんだ。

カキツバタ 057

アヤメ科の多年草。5～6月に紫に白い筋が入った花を咲かせる。池の縁の水が止まっているような浅いところに土ダンゴを作って植え込むと、水際だけでなく少し上にまで頑張って生える。アヤメがびっしっとしているのに対して、こちらは少し柔らかな感じになる。イネ科のディスカンプシアやモリニアのほか、イなどと一緒に植えるといい。株分けとタネで殖やす。

イ（イグサ） 054

イグサ科の多年草。高さ0.5～1mの針のように細長い葉が茂る。八ヶ岳近くの池の斜面に置かれた丸太にきれいに生えている。独特の雰囲気を出すために黒い浅間石を池の中に転がし、その周囲に根洗いしたイを石で固定した。黒と緑がよく映えるのでほかには何もいらない。カレックスやハナショウブも同様に使える。株分けは春先に根元をハサミで切って植えなおす。

写真は 40 ページ

061 サラセニア

サラセニア科の多年草。葉は筒状で高さ 1 m 以上になる。虫を捕まえて栄養の補助にする食虫植物。ロングウッドで学んだ方式を宝塚で行っている。沢を石でせき止めて水ゴケをつめ込み、ピートモスで植え込んだらうまく行った。大きな鉢があれば仕切って植えてもいいだろう。宝塚では植えっ放しで冬越しする。奇妙な花が春から初夏にかけて写真のように咲く。

058 カマシア・リヒトリニー

ユリ科の球根。北米原産。高さ 50〜80cm あるので、英国風の花を集めた中でも見劣りせず、イングリッシュローズともよく合う。花色は白と青紫の濃淡で、球根としては咲くものが少ない 5〜6 月に咲き、花後に葉は黄色くなってなくなる。湿り気がある場所なら、伸ばしたままの芝生や木陰から日向まで頑張ってくれる。花の時期が一緒のアストランチアと相性がいい。

062 ジョンキルスイセン

ヒガンバナ科の球根。別名キズイセン。高さ 30 cm くらいで小形だが、玄関に植えると 4〜5 月に咲いて甘い香りが家の中に漂ってくる。球根の本を読んだら水湿地に自生していると書いてあったので、湿った斜面にたくさん植えたら見映えがした。葉が細かいので枯れても目立たない。初夏から芽が出る多年草の間に植えるか、メドウガーデンにもよい。多数の交配種がある。

059 カラマツソウ

キンポウゲ科の多年草。高さ 0.7〜1.2 m。7〜9 月に山や草原で群生に出会うと、白い花がよく目立つ。森で木を切って日が差すようになった湿ったところによく生える。葉はオダマキに似るがより小形で上品な感じ。白斑入りギボウシなど重みのあるものと組ませて、軽い感じのチカラシバやノガリヤスと一緒に植えるとよい。タネを採り、春まきか秋まきすればよく発芽する。

063 ノハナショウブ

アヤメ科の多年草。高さ 1 m 以上。6〜7 月に黄色い筋のある紫花を咲かせる。ハナショウブの原種で私は一番きれいだと思う。どんな園芸品種よりも流れの中にポツンと咲いているのがよく、まとめて植えないほうがいい。自然風の庭に植えるか、タルを仕切ってイグサや低い水草と混ぜて植える。葉を少し切れば夏もよい。タネをまくか株分け（秋か春）で殖やす。

060 クリンソウ

サクラソウ科の多年草。軽井沢に自生地があり北海道にも多い。18 歳の頃、ウィズリーで一粒ずつまいて何 100 株という単位で作っていた。高さ 50〜70cm でピンクの花を 5〜6 月に咲かせる。よく水があるところに生え、根元が水に浸かっても大丈夫。私はハナショウブの近くで、ゼンマイやヤグルマソウと組み合わせるのが好きだ。花後に株分けできるがタネでも簡単に殖える。

Moisture loving

解説は 39 ページ

061 *Sarracenia leucophylla*
サラセニア

058 *Camassia leichtlinii* subsp.*leichtlinii*
カマシア・リヒトリニー

062 *Narcissus jonquilla*
ジョンキルスイセン

059 *Thalictrum aquilegifolium* var.*intermedium*
カラマツソウ

063 *Iris ensata* var.*spontanea*
ノハナショウブ

060 *Primula japonica*
クリンソウ

PART2：おすすめ花ガイド123

解説は42ページ

067 *Zizania latifolia*
マコモ

064 *Cladium chinense*
ヒトモトススキ

068 *Lychnis flos-cuculi* 'White Robin'
リクニス'ホワイトロビン'

065 *Schoenoplectus lacustris* subsp. *tabernaemontani* 'Albescens'
フトイ（斑入り）

069 *Ligularia przewalskii*
リグラリア・プルゼワルスキー

066 *Fritillaria meleagris*
フリチラリア・メレアグリス

41

Moisture loving

写真は 41 ページ

067 マコモ

イネ科の多年草。高さ1〜2m。ロングウッドの水草コーナーで鉢植えされているのを初めて見た。藻を生やさないように水に染料を混ぜて黒くしていた。苞が緑や赤に色づいてきれいで、ラベルにはジャパニーズワイルドライスと書いてあった。葉のあるうちに株分けして池の縁か水中に入れて石で留めておくと、水を浄化してくれる。こんなフォルムの水草はほかにない。

068 リクニス'ホワイトロビン'

ナデシコ科の多年草。高さ20〜50cm。原種のフロス-ククリはピンク花で、私の実家の近くの湿った草原でよく見かけた。テムズ河畔は氾濫するので捜せば今でも必ずあると思う。5月に咲く白花のつぼみはピンク。1982年のチェルシーフラワーショーで業者が出品して話題になった。花は5月に咲き、地植えにするなら牧草の中がよい。こぼれダネでよく殖えて移動する。

069 リグラリア・プルゼワルスキー

キク科の多年草。高さ1.5〜1.8m。7〜8月に黒っぽい花茎を立ち上げて黄花を穂状に咲かせる。植え場所は湿っている日向がよい。木陰に腐葉土やバーク堆肥を入れて植えてもいいが、花は少なくなる。軽井沢では川の中洲に植えたらりっぱな株になった。切れ込みのある葉形も面白い。苗を植えると2年目で花が咲き、3年目でそれらしくなる。

064 ヒトモトススキ

カヤツリグサ科の多年草。高さ1〜2m。4月ころに伊豆の海辺を歩いていたら、わきの沼の近くに生えていた。前年の花穂が残っていたがタネは入っておらず、潮風が結構当たるところで元気だった。パンパスグラスに近い葉の量があり、茎の途中から葉が出るのでりっぱに見える。浅い水の縁に最適。葉がとても硬く縁がざらついているので注意しないと手を切りやすい。

065 フトイ (斑入り)

カヤツリグサ科の多年草。高さ1.2〜2m。イギリスでも昔から使っていた。小さい池なら鉢に入れて楽しむ。植える場合は2〜3cm水に浸かればよい。池の縁に植えれば庭との境をぼかしてくれるので、全体がつながった自然な感じがするうえ、生き物の隠れ家にもなる。長細いミズカンナやアヤメ、ミソハギ、クサレダマ、ロベリアの仲間などと相性がいい。株分けで殖やす

066 フリチラリア・メレアグリス

ユリ科の球根。高さ20〜30cm。4月に赤紫のチェック模様の釣り鐘形の花を吊り下げる。昔はテムズ河畔に普通に生えていたが、牧草を刈り取らなくなったので環境が変わり今はない。球根はしわしわなので、秋に植える前に水につけると失敗しない。湿った芝生にジョンキルスイセンやクリンソウ、カマシアなどと植えて、虫の隠れ家を作るようにすると楽しい。

COLUMN 2
私の庭仕事カレンダー

June. 23th

夏の池の周りで

水中に逃げ帰れるようにしてやる。雑草は堆肥の山に運ばれて微生物を活性化し、よりよい堆肥をつくる。

新しく植栽された池の縁に土留めのために置かれた石は、トンボが食事する合間の暖かい止まり木であり、生き物の群れが下に隠れるための避難所だ。このように石を置くといった簡単なことで、池は野生の生き物たちにとってより魅力的なものとなる。

水生植物の成長は本当に無茶苦茶。ワスレナグサは軟らかなわき芽を水中にすばやく伸ばして硬いマット状になり、水の流れとほかの植物への日照をせき止めてしまった。伸びすぎた植物を引き抜いて陸あげし、罠にかかった生き物たちが

(上) 日向の石の上で。(下) せっかくの池からの贈り物だが、受け取るわけにはいかない

♦♦♦ RECOMMENDED GARDEN PLANTS 123 ♦♦♦

Colourful leaves

彩りのカラフルリーブズ

30

たまに、植物の価値は花の美しさで決まると思っている人がいるが、決してそうではない。庭に植物を植える場合、花ばかりが目的では毎日分厚いステーキを食べるようなもので、私はすぐに飽きてしまう。それに花が咲き終わったあと、ただの緑の葉っぱだけではつまらない。

草花や樹木の多彩な葉色と多様な葉形はそれだけを見ていても楽しいし、ほかの緑とうまく組み合わせれば、変化のない庭を価値あるものに変えてくれる。

ポイントはお互いが引き立つような組み合わせにすること。濃い葉色には薄い葉色を、大きな葉には小さな葉を、単純な形の葉には

細かく複雑な葉を、背の高いものには低いものをというように組み合わせるとよい。庭にこのような組み合わせがあれば、見ていて飽きることがない。

時間的な要因も考えに入れる。たとえば芽だしが5月頃と遅い多年草（夏から秋に咲くものが多い）は、春に地上には何もないので、春に咲いて夏に姿を消す球根と組み合わせるとよい。芽だしや新葉が美しいものは、夏に色あせてくるので、夏に活躍するグラス類と組み合わせるとよい。

伸びるに任せて放っておくとつまらない姿になるものは、花後に株元から切り戻すと、再度新しい葉色や花を楽しむことができる。

PART2: おすすめ花ガイド123

解説は46ページ

073 *Catalpa bignonioides* 'Aurea'
アメリカキササゲ'オーレア'

070 *Artemisia schmidtiana*
アサギリソウ

074 *Hakonechloa macra* 'All Gold'
オウゴンフウチソウ

071 *Ajuga reptans* 'Burgundy Glow'
アジュガ'バーガンディーグロー'

075 *Origanum* 'Norton Gold'
オレガノ'ノートンゴールド'

072 *Abelia* × *grandiflora* 'Frances Mason'
アベリア'フランシス・メイソン'

Colourful leaves

写真は 45 ページ

073 アメリカキササゲ 'オーレア'

ノウゼンカズラ科の落葉高木。新芽は銅色で次第にライムグリーンに変化する。6月に白花を咲かせる。高さ5mになるが、毎年株元から切り戻しすると多年草のように楽しめる。日当たりのよい普通の土壌がよく、下に青葉のギボウシなど日陰が好きなものを植える。大きくなったらコピシングするか、枝抜きして中まで日が当たるようにする。赤葉品種の'プルプレア'もある。

070 アサギリソウ

キク科の多年草。高さ10～40cmで高山の岩場に生える。細かく裂けた銀葉が美しいシルバーリーフで、イギリスでは仲間のシロヨモギも人気があるが、優美さでは格段にまさる。砕石や石積みに植えるとよく、肥えた土だと成長しすぎて寿命が短い。やせた土で乾燥気味に育てると葉色が冴える。梅雨どきに葉が汚れたら切り戻してやると秋に再生する。さし芽と株分けでよく殖える。

074 オウゴンフウチソウ

イネ科の多年草。フウチソウといえば黄色い葉に白斑の入ったものが昔からあるが、こちらは葉が真っ黄色でよく目立つ。高さ30～50cm。こんもりと茂って外側の葉は下を向き、風が吹くと風情がある。成長はそれほど遅くなく、細かく株分けしても3年で丸い玉になる。植え場所は半日陰がベストで、日向だと葉色が薄くなる。リグラリアなどの濃い色の葉との組み合わせがよい。

071 アジュガ 'バーガンディーグロー'

シソ科の多年草。葉の斑がピンクとクリーム、グリーンとはっきりしたアジュガの園芸品種。グラウンドカバーの代表で、予算のないときにかなり細かく分けてさしても殖えるので助かる。湿り気のあるところならどこでも丈夫。目土のように入れるとよく伸びてくれる。新芽が上がるのが早く4月には花穂を立ち上げて青い花を咲かせる。パステル系の植栽に長く持つものとして最適。

075 オレガノ 'ノートンゴールド'

シソ科の多年草。高さ30cmくらいのこんもりとした株になる。葉色は芽だしから明るい黄色で、日焼けすることなく最後まで変わらない。日当たりのよい乾いたところから普通の土壌の場所でよく育つ。芽が動き出すのが早く4月には見れる姿になる。6月下旬から7月に白花を咲かせる。7月に少し伸びると雨で倒れるので、切り戻せば新芽がどんどん伸びる。さし芽でよく殖える。

072 アベリア 'フランシス・メイソン'

スイカズラ科の半常緑低木。明るいオレンジと黄色が混じった新芽が美しい。あまり見ない色で私のお気に入り。高所から枝垂れさせてもいい。7～8月にピンク花を咲かせる。成長が早いので、保険的に植えれば場を持たせてくれる。枝先をさせば簡単につく。株元から切り戻すとコンパクトになるが、3分の1くらいで切って適宜に枝を透かすと姿よく仕上がる。

PART2：おすすめ花ガイド123

写真は48ページ

コルディリネ 'アトロプルプレア' 079

リュウゼツラン科の常緑高木。赤紫色の葉色が美しい人気品種。新芽はとくに濃いが次第に薄れる。鉢植えにされるが、東京から西では地植えできる。原産地のニュージーランドで15mくらいのものを見たことがあるが、日本では6〜7mまで。古い葉が垂れ下がるので、気になったら外側から順に取り除く。株元から芽が出て株立ちになるが、枝が折れたところから芽が出ることもある。

カンナ 'ストリアータ' 076

カンナ科の多年草。別名ベンガルタイガー。大きな葉に明るい緑と黄緑色の細かい筋斑が入り美しい。夏に1.2mほどの赤紫色の花茎を立ち上げてオレンジ色の花を咲かせる。芽だしが遅いので春に活躍するネペタやブルンネラと一緒に植え、夏以降に活躍させる。大鉢に植えて夏にさびしくなるところに置いてもいい。地下にイモがあるので2年に1回、芽があるのを確かめて切り分ける。

コロカシア 'ブラックマジック' 080

サトイモ科の多年草。葉は長さ40〜50cmの細長いハート形で、青みがかった黒い葉色がとてもシック。地下にイモがあって鉢に入れて冬越しさせ、5月下旬〜6月に腐葉土やバーク堆肥を混ぜて植える。水を切らさないようにすると夏に大きな葉を出す。ネムノキやバナナなど色も形も違うものと夏ならではの組み合わせが楽しめる。地植えするには根方に水が来るように土留めする。

キョウチクトウ 'バリエガタ' 077

キョウチクトウ科の常緑低木。高さ3mで庭木にちょうどよく、自然な姿の株立ちになる。庭の奥に植えるといい。新芽は明るいクリーム色でよく目立つが、大きくなると色の面積が減っていく。夏に咲く花はピンクで強烈。枝が混んでうるさくなってきたら、古い枝を元から抜いて新しい芽を伸ばして更新する。思い切って株元から切り戻してもいい。切り口から出る汁は毒があるので注意。

シマダンチク 081

イネ科の多年草。学生のときウィズリーのボーダーガーデンの縁の手前から奥に数株植えてあった。5月に芽を出してぐんぐん伸び、秋の始業式には2〜3mになっていた。クリームがかった白い外斑の葉が涼しげで、夏だけの目隠しにちょうどいい。秋に立ち上げる3〜4mの花穂は見事で、咲き終わって汚れ始めたら切ってしまう。株が硬いので株分けはたいへんな作業になる。

ゲラニウム 'ホーカスポーカス' 078

フウロソウ科の多年草。高さ30〜40cm。複雑に切れ込んだ葉形とブロンズ色の葉色が存在感抜群の人気品種。原種はヨーロッパ原産で、イギリスの道路沿いで見たことがある。5〜6月につぼみが赤く咲くと青紫色の花をたくさんつける。おかしな名は魔法使いが魔法をかけるときの呪文。黄色い葉のカレックスや銀色の葉のアサギリソウと相性がよい。明るい木陰に植えてやる。

Colourful leaves

解説は 47 ページ

079 *Cordyline australis* 'Atropurpurea'
コルディリネ'アトロプルプレア'

076 *Canna* 'Striata'
カンナ'ストリアータ'

080 *Colocasia esculenta* 'Black Magic'
コロカシア'ブラックマジック'

077 *Nerium oleander* 'Variegata'
キョウチクトウ'バリエガタ'

080 *Arundo donax* var. *versicolor*
シマダンチク

078 *Geranium pratense* 'Hocus Pocus'
ゲラニウム'ホーカスポーカス'

PART2：おすすめ花ガイド123

解説は50ページ

085 *Beta vulgaris* var. *cicla*
スイスチャード

082 *Spiraea japonica* 'Limemound'
シモツケ'ライムマウンド'

086 *Schizachyrium scoparium*
スキザクリウム・スコパリウム

083 *Filipendula* 'Red Umbrellas'
シモツケソウ'レッドアンブレラズ'

087 *Miscanthus sinensis* 'Morning Light'
ススキ'モーニングライト'

084 *Lonicera japonica* 'Aureoreticulata'
スイカズラ'オーレオレティキュラータ'

Colourful leaves

写真は49ページ

スイスチャード 085

アカザ科の一・二年草。野菜のフダンソウで、葉色は緑に黄色や赤、紫、オレンジ、白などが混じって多彩。ミックスのタネもあり苗でも出回る。春にタネをまくとたくさん芽が出るので、間引いてベビーリーフとして食べる。元気なら高さ40cmになり、ポテージガーデン（野菜の庭）でも花壇でも鉢植えでも楽しめる。植え場所は半日陰がいいが、日向なら乾燥させないように注意する。

シモツケ 'ライムマウンド' 082

バラ科の落葉低木。葉が春の芽だしから明るい黄緑色で、5～7月にピンクの小花を咲かせる。高さ1mになるが60cmまでに抑えるとよい。日向か木陰に植えて、枝が混んでくれば透いてやる。花後に葉が弱ったら切り戻すと新芽が出る。毎年株元から切り戻してもよい。苗は弱々しく見えるが、植えれば決して損をしない。枝が垂れて地面に着くと根が出るくらいで、さし木でよくつく。

スキザクリウム・スコパリウム 086

イネ科の多年草。夏に青みがかった葉が高さ30～40cmとコンパクトに広がる北米原産のグラス類。葉先に紫やピンクを含んでいて暑くなると透けて見えてくる。秋にはオレンジや赤に紅葉して美しい。よく似たフェスツカは暑さに弱いが、こちらは暑さにも寒さにも強い。秋に高さ80cmの銀色の花穂を立ち上げる。タネと株分けで殖やすが、株分けは5月に新芽が動き出してから行う。

シモツケソウ 'レッドアンブレラズ' 083

バラ科の多年草。葉脈が赤い園芸品種。外国の品種と思われているが、日本人が作ったものがヨーロッパで名づけられて里帰りしたもの。湿った土を好み、普通の土だと葉色が冴えない。株の中から透けてくるので3年に1回株分けするが、分けやすくていつも作りすぎてしまう。7～9月にローズピンク色の花を咲かせ、花後に切り戻すと秋にまた咲く。グラウンドカバーにも最適。

ススキ 'モーニングライト' 087

イネ科の多年草。昔からあるフイリススキに欧米で品種名をつけたもの。細い葉に白い外斑が入るのでよけい細く見える。葉の縁に細かい歯があって、朝日が当たるとキラキラ光ってきれいだが、雑草取りのときこれで手を切るので注意。広い庭なら全体に流れのように植栽するといい。たいへん丈夫でやせた土地に植え肥料は絶対に与えない。雨が少ないと弱るが降ればすぐ再生する。

スイカズラ 'オーレオレティキュラータ' 084

スイカズラ科の落葉つる性木本。丸い葉に黄色の網目模様が入った園芸品種。5～6月に白から黄色に変わる芳香花を咲かせる。性質はたいへん丈夫で寒さにも強い。つるをどんどん伸ばすので、アーチやパーゴラに這わせたりグラウンドカバーにもよい。つるが絡まりやすいので、かたまりを作らないように注意する。地面についたところから根を出すので、さし木すればよくつく。

PART2：おすすめ花ガイド123

写真は52ページ

ニセアカシア 'アルトドルフ' 091

マメ科の落葉高木。高さ6～7m。人気品種の'フリーシア'と同じで新葉は明るい黄色だが、花は薄いピンクで花数は少ない。見ごろは初夏から夏にかけてで、夏の終わりには葉色はあせるが、秋に真っ黄色に色づく。根が浅く倒れやすいので手すりに這わせたり、壁やアーチの際に植えて支えるとよい。頭が大きいので上の枝を切ると芽が出て頭でっかちになる。トゲがあるので注意する。

ニューサイラン 'ジェスター' 092

リュウゼツラン科の常緑多年草。ほかの品種のように大きくならず高さ60㎝ほど。葉に薄いピンクと緑のストライプが入る。左右に葉が広がってトロピカルなムードになり、寒さに弱い多年草の花壇や人工物の近くに植えるとよく映える。枯れ葉を元から取るくらいで手間がかからない。株分けは簡単に手で分けられ、葉が大きいので半分に切って植える。

ヒメツルニチニチソウ 'イルミネーション' 093

キョウチクトウ科の多年草。グリーンの濃淡の葉に黄からクリーム色の中斑が入るきれいな園芸品種。早春に青紫色の花を咲かせる。湿り気のある日陰から乾燥した場所まで植えられる。茎がつる状に伸びて地面に着くと根が出る。丈夫で生育が早いので、斜面の土留めやグラウンドカバーに最適。土手の上や石積みの間から垂らしても美しい。原種系の春咲き球根とも相性がよい。

セイヨウヒイラギ 'サニーフォスター' 088

モチノキ科の常緑低木。葉にトゲがあって赤い実がなるセイヨウヒイラギの多くの品種の中で、葉が春の新芽から明るい黄色の園芸品種。高さ1.2mほどと低く葉も小さいので、多年草の花壇や寄せ植え、垣根などに使い勝手がいい。日向から木陰を好んでゆっくり育ち、日当たりが悪いと葉色が緑になる。横に広がらないので使いやすく、枝が混んできたら抜く程度で手間がかからない。

チャンチン 'フラミンゴ' 089

センダン科の落葉高木。新芽が濃いピンクで高さ10m以上になるが庭では4mまでに抑える。葉は優美な羽状複葉で新芽からピンク色で美しく、まっすぐに株立ちするので、タラの芽のような感じになる。ただしきれいな色は春だけで、ピンクから鮮紅色になったあと黄白になり、やがて緑になってしまう。高くなったら株元から抜いて新しい枝を伸ばして更新する。大鉢植えにしてもよい。

テイカカズラ '黄金錦' 090

キョウチクトウ科の常緑つる性木本。芽だしは黄色のものが多いが、やがて葉には濃い緑と黄と赤の一定しない斑が入る。テイカカズラの品種の中でも樹勢が弱くて成長が遅い分、乾燥地の日陰でも何とか頑張ってくれる。つるで絡みついて這い登るのでグラウンドカバーやトレリスなどにいいが、期待しないで気長に待つこと。どうもプレッシャーに弱いようだ。常緑で冬に残るので便利。

Colourful leaves

解説は 51 ページ

091 *Robinia pseudoacacia* 'Altdorf'
ニセアカシア'アルトドルフ'

088 *Ilex×attenuata* 'Sunny Foster'
セイヨウヒイラギ'サニーフォスター'

092 *Phormium* 'Jester'
ニューサイラン'ジェスター'

089 *Toona sinensis* 'Flamingo'
チャンチン'フラミンゴ'

093 *Vinca minor* 'Illumination'
ヒメツルニチニチソウ'イルミネーション'

090 *Trachelospermum asiaticum* 'Ogon Nishiki'
テイカカズラ'黄金錦'

PART2：おすすめ花ガイド123

解説は 54 ページ

097　*Salix integra* 'Hakuro Nishiki'
ヤナギ '白露錦'

094　*Heuchera villosa* 'Palace Purple'
ヒューケラ 'パレスパープル'

098　*Eupatorium rugosum* 'Chocolate'
ユーパトリウム 'チョコレート'

095　× *Fatshedera lizei* 'Variegata'
ファッツヘデラ

099　*Ligularia dentata* 'Britt-Marie Crawford'
リグラリア 'ブリット－マリー・クロフォード'

096　*Hosta undulata* 'Mediovariegata'
ホスタ 'メディオバリエガタ'

Colourful leaves

写真は53ページ

ヤナギ'白露錦' 097

ヤナギ科の落葉低木。高さ1.5mのイヌコリヤナギの園芸品種。葉に白やピンクの斑が入って美しく、白い花や銀色の葉と組み合わせたり、緑が多いところに変化をつけるのによい。毎年秋から春3月までに株元から切り戻しをして更新する。放っておいて大きくなると葉が緑に戻ってつまらない姿になる。成長が早いのでもう一度7月に切ると秋に楽しめる。寒さに強く湿り気を好む。

ヒューケラ'パレスパープル' 094

ユキノシタ科の常緑多年草。芽だしは赤でやがて濃い赤紫になり、夏になると緑が混じる渋い葉色が魅力。5月までは元気がよいが暑くなると弱るので、夏に木陰になるところに水はけよく植える。湿り気を好むので砂利っぽい土に腐葉土を混ぜるとよい。放っておくと株の内側から枯れてくるので、2年に1回株分けすると元気になる。たいへん分けやすく細かくしてもすぐにつく。

ユーパトリウム'チョコレート' 098

キク科の多年草。名前のとおり芽だしは濃い紫のチョコレート色で夏になると緑色になる。日向から木陰を好み、湿り気のある場所に植えると元気に生え広がる。高さは湿り気があれば80cm、乾燥地だと40cmくらい。こぼれダネでもどんどん殖えるので、注意しないとこればかりになる可能性がある。9〜10月に白花を咲かせる。秋に枯れたら株元から切る。株分けとさし芽で殖える。

ファッツヘデラ 095

ウコギ科の常緑半つる性低木。ヤツデ(ファトシア属)とアイビー(ヘデラ属)をかけ合わせたもの。半つる性で立ち上がってもすぐ横になってしまう。東京の仙川駅前の商業施設の土の少ない花壇に植えたが、乾燥したところでよく頑張る。日陰の階段の手すりや壁、トレリスに這わすといい。立ったり横になったりと波打ったグラウンドカバーとして面白い。さし木でよく殖える。

リグラリア'ブリット−マリー・クロフォード' 099

キク科の常緑多年草。高さ0.5〜1m。ツワブキに似た野草のマルバダケブキの選抜品種。葉色は芽だしが濃い紫色でだんだん薄れ、秋には赤みがかる。茎も紫色で8〜9月に咲く黄色い花がよく目立つ。日陰から半日陰の湿った場所を好み、寒さには強いが暑さにやや弱いので木陰に植えるとよい。花壇の手前の角などの目立つところやグラウンドカバーにもよい。株分けで殖える。

ホスタ'メディオバリエガタ' 096

ユリ科の多年草。高さ30〜40cmの中形タイプ。白とクリーム色のはっきりした斑の葉がねじれてつく園芸品種。まるで酔っ払ったようで面白い。ギボウシの中では成長が早く株分けして2年くらいで見られる姿になるが、分ける際に斑のきれいなものを選ばないと緑に戻ることもある。周りに単純な緑のギボウシ以外の植物か、シダや同様の細かい葉ものを組み合わせるとよい。

COLUMN 3
私の庭仕事カレンダー

名前のとおり銀色の花穂が美しく、生け垣に使ってもいい。右写真の手前はノガリヤス。

Sept. 16th

ススキの人気品種

ミスカンサス "クライン・シルバースパイン" は細い葉といくらかコンパクトな姿のススキの園芸品種で、花穂はほかの品種よりかなり早い7月に現れる。ほかの品種と同じく多様な土壌で育つことは、庭にとってたいへん貴重な存在だ。

一株で植えても、花壇に高さを出したり、晩夏から秋にかけての花壇のいっそうの楽しみとなって素晴らしいし、あるいは広い花壇にたくさん使うと、秋の山のすすき野原を連想させるほどドラマチックだ。

RECOMMENDED GARDEN PLANTS 123

Trees and shrubs

高木と低木

㉔

日本の庭には木が多すぎる。多いから刈り込まなちゃいけないし、木の本来の美しい自然樹形を見せるようにならない。

選んだら成木でなく、小さな苗木から徐々に自然樹形に育ててほしい。そのためには木の頭（樹冠）を切らないことだ。不要な幹や枝を株元から切るか、中の枝を抜く程度にする。一度頭を切るとそこから芽が出て取り返しがつかなくなる。よく街中で見る街路樹のような「棒」に切ってては絶対にいけない。

よくドウダンツツジを例に出すが、可哀想に毎年決まって頭を丸く刈り込まれている。私が野辺山で見た株は、細い枝を3本ずつ斜めに立ち上げながら4mに達しようかという素晴らしい姿を見せてくれた。

もっと彼らに活躍の場を与えてやらねばならない。それには、その木が将来どれほど大きくなるかを知ることだ。本で調べたり、植物園で見るのもいい。そのうえで「こだわり」を持って選ぶこと。庭の性格はそ

ここでは、芽だしから花、新緑や紅葉など季節折々に見どころの多い高木と低木（灌木）を紹介したが、普通の庭で自然樹形を楽しむなら低木を中心に選ぶとよい。高木を低く保つなら2～5年ごと定期的に株元から切り戻すコピシングという剪定方法を行う。

の木で決まってしまう。

PART2: おすすめ花ガイド123

解説は 58 ページ

103　*Viburnum plicatum* var.*plicatum* f.*glabrum*
ケナシヤブデマリ

100　*Cercis canadensis* 'Silver Cloud'
アメリカハナズオウ'シルバークラウド'

104　*Hydrangea luteovenosa*
コガクウツギ

101　*Ilex verticillata*
アメリカモチノキ

105　*Rhaphiolepis indica* 'Springtime'
シャリンバイ'スプリングタイム'

102　*Alchornea trewioides*
オオバベニガシワ

Trees and Shurbs

写真は 57 ページ

103 ケナシヤブデマリ

スイカズラ科の落葉低木。5～6月に白い装飾花が目立つ花を咲かせ、秋には紅葉と赤い実が楽しめる。高さ2～5m。株立ちして横に枝を出しながら上方に広がるので、広い場所ならウエディングケーキのようになる。手入れは株元から枝抜きする程度にする。日向から木陰を好む。もし広い芝生に植えるならこれ1本で充分。苗で植えてから見られるようになるまで5～6年かかる。

100 アメリカハナズオウ 'シルバークラウド'

マメ科の落葉小高木。高さ3～5m。葉はハート形で新葉は薄いピンクから白く変わる。色の入り方はペンキのあまり入っていないスプレーで吹きつけたようにムラがある。4月にピンクの小花を枝に直接つける。枝ぶりがよく葉色も花も楽しめるので小さな庭に1本植えるのによい。小さな株から自然に株立ちになるので、手間は重なった枝を株元から抜く程度。日向から木陰を好む。

104 コガクウツギ

ユキノシタ科の落葉低木。黒く細い枝と6月に咲く白い花が絶妙の組み合わせだが、出回り量は少ない。私はもっとあっていいと思う。シモツケに似るがそれほど枝は細かく分かれない。高さは1mほどだが、新芽の出るところで切ってひざの位置くらいに抑えるとよい。手入れが難しそうだがたいへん丈夫。大きなプランターや立ち上げ花壇の縁に植えてエッジをぼかすのに向く。

101 アメリカモチノキ

モチノキ科の落葉低木。英名ウインターベリー。北米東部原産で高さ1.5～2m。秋の赤い実とそれに続く紅葉が魅力で、ほかの季節は地味な存在。葉が緑のうちに実が色づき、ピラカンサと同じで落葉しても長い間鳥が食べないので冬もよく目立つ。日向から木陰を好み、寒さにも暑さにも強い。庭の奥のほうでここに何か欲しいというときに頑張ってくれる。株立ちにもなり鉢植えにもできる。

105 シャリンバイ 'スプリングタイム'

バラ科の常緑低木。高さ0.6～1m。5～6月にピンクの花を咲かせる。直射光の当たるところで丈夫に育ち、アベリアのように刈り込みに耐えるので、よく街路の植え込みに使われる。潮風にも強い。葉は革質の暗い緑色なので、細かいふわふわした葉のものと合う。細い銀葉のハーブなどと花壇のコーナーに植えると、全体を引き締めてくれる。何株かまとめるときは間隔をあけること。

102 オオバベニガシワ

トウダイグサ科の落葉低木。高さ2～3m。古い庭でたまに見かける程度だが気になっていた。春先の何もない時期に真っ赤な葉が花のようだが、初夏には緑になってしまう。日向が好きで日陰では見たことがない。まっすぐ伸びて、ちょっと離れたところから少しずつ出て群ら立ちする。葉が丸いので細い茎のイネ科のナッセラやスティパなどと組み合わせると面白い。

写真は60ページ

109 テコマリア'ルテア'

ノウゼンカズラ科の半つる性低木。立ち上がっても40cmほどで、フェンスや立ち上げ花壇などからつるを枝垂れさせる。寒さに弱く、宝塚に植えた株は冬に地上部が枯れるが、新芽を出して再生する。羽状の葉が茂りこんもりとした形になる。7～8月に黄花を咲かせる。乾燥には強い。日差しの強い道沿いのすき間などに使うとよい。春に活躍するものの上に植えて夏の出番を作る。

106 タイワントキワアジサイ

ユキノシタ科の常緑低木。台湾、中国南部原産の素敵なアジサイ。3～4月に白い装飾花がついた花を咲かせる。葉は細長い。高さ1m。立性で枝がびっしりと茂りこんもりとした姿になる。常緑だが寒さに弱く、東京だと寒いと上部が枯れてしまい、冬の葉は黄ばむ。半日陰から木陰を好み、日向だと葉色が悪くなる。湿り気のある場所に腐葉土やバーク堆肥を混ぜて植える。

110 ドウダンツツジ

ツツジ科の落葉低木。高さ1～4m。刈り込みでいつもたいへんな目に遭っている。グラウンドカバーに使われているがじつは自然樹形がよい。じわじわと大きくなって木陰を作ってくれる。春先の新葉と一緒に白花を吊り下げ、秋には真っ赤に紅葉する。暑さにも寒さにも強い。店で放っておかれた若い株を買って木陰に植えるとよい。刈り込まれた株は植えてもなかなか成長しない。

107 タニウツギ

スイカズラ科の落葉小高木。日本原産の固有種。花がよく咲くので海外で人気が高い。5～6月にピンクの花を咲かせる。日当たりを好む。放っておくとよけいな枝が増えて重く暗い感じになるので、毎年花後に芽の上で枝を切り取る。咲くのが早いので庭の奥に植えるとよい。花後は地味な存在。写真は野尻湖の株で、枝垂れてきれいだが、このままでは枝が重なって日がよく当たらない。

111 バイカウツギ

ユキノシタ科の落葉低木。高さ1～3m。6～7月に白い芳香花を咲かせる。株立ちしてタニウツギと同様に放っておくと芽つきが悪くなるので、花後に芽の上から枝を切るとよい。樹形が乱れたら株元から切り取る。花はモックオレンジの英名どおりミカンのような香りがするので、デッキなどの横の日向から木陰に植えて香りを楽しみたい。剪定して高さ1.5mくらいに抑えるとよい。

108 ダンコウバイ

クスノキ科の落葉低木。高さ2～6m。3～4月に咲く黄色い花は冬が終わった拠りどころ。枝は横に広がって自然にきれいな形になるので、枝を抜く程度で剪定は必要ない。半日陰でもよく、1株で雑木林の雰囲気を作る。庭の奥で背景にすると、前の植物を引き立ててくれる。葉は先が3つに分かれ秋に美しく濃淡のある黄色に色づくので、紅葉するものや紫色の実などとよく合う。

Trees and Shurbs

解説は 59 ページ

109 *Tecomaria capensis* 'Lutea'
テコマリア'ルテア'

106 *Hydrangea chinensis*
タイワントキワアジサイ

110 *Enkianthus perulatus*
ドウダンツツジ

107 *Weigela hortensis*
タニウツギ

111 *Philadelphus satsumi*
バイカウツギ

108 *Lindera obtusiloba*
ダンコウバイ

PART2: おすすめ花ガイド123

解説は 62 ページ

115 *Cleyera japonica* 'Variegata'
フイリサカキ

112 *Acer japonicum* 'Mai Kujaku'
ハウチワカエデ '舞孔雀'

116 *Cornus controversa* 'Variegata'
フイリミズキ

113 *Rosa rugosa*
ハマナス

117 *Acca sellowiana*
フェイジョア

114 *Chionanthus retusus*
ヒトツバタゴ

Trees and Shurbs

写真は 61 ページ

115 フイリサカキ

ツバキ科の常緑高木。緑の葉に白から黄色に変わる斑が入る園芸品種。母種のサカキは高さ 10 m 以上になるが、写真の株は 7 年前に 20cm くらいで植えたのが 40〜50cm に育ち、びっしりとしたグラウンドカバーになっている。雨の当たらない乾燥した場所でも、ビルの陰や常緑樹の下の日陰でも頑張ってくれる保険のような存在。寄せ植えの縁取りやグリーンウォールとしても使える。

112 ハウチワカエデ '舞孔雀'

カエデ科の落葉高木。葉が孔雀の羽根のように複雑に切れ込んだ園芸品種。細めの枝が自然な感じで横に広がり先は枝垂れる。新葉の葉色が軽い感じの淡い緑で私好み。イカリソウやシダ類、ギボウシなど形のはっきりとしたものと組み合わせるとよい。あまり広くない庭でも雑木の雰囲気を出してくれる。支柱を立てて誘引する方法もある。森のような湿り気のあるふわふわの土に植える。

116 フイリミズキ

ミズキ科の落葉高木。高さ 10〜20 m。枝が斜上して段になってつき、大きくなるとウエディングケーキのような形になる。若い株を植えて葉のついている時期に 3 本ずつ出る枝を整理しながら仕立てるが、枝先を切ると不要な枝が出てしまい、一度切りそこねると再生が利かない。シンボルツリーとして周りをあけて 1 本で見せるとよい。実は赤から黒く熟し、鳥がよく食べる。

113 ハマナス

バラ科の落葉低木。高さ 1〜1.5 m。甘い香りの赤い花を夏、あるいは休み休みに一年中咲かせるので、実と花が一緒に楽しめる。葉はしわが多くて触るとごわごわして硬い。海辺に生えるので日向を好む。全体にトゲだらけで暑さにも寒さにも強く丈夫。横に生え広がるので大きくなって困ったら、花数は減るが冬に芽のあるところで半分くらいに切る。屋上緑化に最適。

117 フェイジョア

フトモモ科の常緑低木。本には高さ 5〜6 m とあるが、普通 2 m くらいで大きくならない。潮風に強く海辺の垣根にぴったりで、オリーブみたいな感じで使う。葉裏は綿毛が生える。6 月に赤いしべが目立つ白花（花弁は甘い）を咲かせ、実はジャムなどに利用される。熟すのが遅く落ちたら食べられる。苗のうちは水を切らさぬよう。成長が遅くじわじわ伸びるので寄せ植えによい。

114 ヒトツバタゴ

モクセイ科の落葉高木。高さ 20 m 以上になる。神社に大木が見られ、ナンジャモンジャと呼ばれる。5 月に白花を咲かせる。大きく場所を取って苗を植え、若いうちは横に枝を伸ばして倒れやすいので支柱を立て、10 年かけて高さ 6 m ほどの丸い樹形に育てる。よけいな枝が多いので下枝を切りながら行うが、頭を切ってはいけない。一度根づいたら病気もなく丈夫でよく伸びる。

PART2：おすすめ花ガイド123

写真は64ページ

121 ミヤギノハギ白花

マメ科の落葉低木。高さ1〜2mでつるのように枝先が枝垂れる。基本種の花色は赤紫だが私は白が好きで、葉も灰色がかっている。毎年春か秋に株元から切り戻すちょっと硬めの多年草だと思えばいい。2mくらいの壁に扇状に這わせてしばると素敵。しばるのが面倒なら、高い花壇から枝垂れさせるといい。乾燥に強くやせた土地に適す。ススキを足元に植えるとよく屋上緑化に最適。

118 マルメロ

バラ科の落葉低木〜小高木。栽培はリンゴよりも古い。よく古い農家の庭の奥におまけのように植えられている。高さ3mくらいで株立ちになり、あまり大きくならない。私は1本立ちで仕立てたい。花は4〜5月に薄いピンクの花が咲く。カリンに似た実が秋遅くに黄色く熟し、ジャムや果実酒に利用される。花や実に綿毛がつく。樹肌はすべすべでカリンのような模様はない。

122 ヤナギバアカシア

マメ科の落葉小高木。高さ4〜8m。東京で3年前に植えた株が高さ3mくらいになっている。幹はつるつるで枝が枝垂れるので、早く木陰を作りたいときに便利。10年くらいでだんだん元気がなくなり大きくならずに枯れてくるので、タネをまいて苗を用意しておく。枝垂れるうえに根が浅いので台風が来ると心配。同様に移植を嫌がるので、場所を広く取って小さい苗から育てる。

119 ミツバウツギ

ミツバウツギ科の落葉低木。高さ3〜5m。5月に白い小花を咲かせる。学生の頃ウィズリーの学名テストで出会った。3枚ずつの葉を見てただのウツギではないと感じた。葉が垂れ気味につくのがよく、街にもっと植えていいと思う。花後に芽のところで切るだけできれいになる。姿が乱れたら株元から切って仕立て直せば、2年で咲いて3年で元に戻る。さし木で簡単につく。

123 リキュウバイ

バラ科の落葉低木。高さ3〜4m。4〜5月に白花を咲かせる。ジューンベリーのような雰囲気で4〜5日しか咲かず、学生のときテストに出て話題になったことがある。ただし、咲き終わったら何の変哲もなく表情に乏しい。壁にクレマチスと一緒にしばって這わせるとよい。少々枝垂れる感じがよい。日当たりがよければ普通の土で頑張る。庭の背景や奥の緑に使う。さし木で殖える。

120 ミナヅキ

ユキノシタ科の落葉低木。ノリウツギの花がすべて装飾花になった園芸品種。花房が大きいので枝が左右に倒れながら7月に咲き始める。咲くにつれ花色が白からピンクに変わる。去年咲いた枝を3月に株元から切って新芽を伸ばすと、花房は大きくなるが数は少なくなる。3分の1を切ると花数が増える。日向から木陰の湿った場所に植える。芽のついた咲いた枝で秋にさし木できる。

Trees and Shurbs

解説は 63 ページ

121 *Lespedeza thunbergii* 'Albiflora'
ミヤギノハギ白花

118 *Cydonia oblonga*
マルメロ

122 *Acacia floribunda*
ヤナギバアカシア

119 *Staphylea bumalda*
ミツバウツギ

123 *Exochorda racemosa*
リキュウバイ

120 *Hydrangea paniculata* 'Grandiflora'
ミナヅキ

PART 3

私の庭仕事ダイアリー

April. 22th
春のグラバルガーデンで

グラバルガーデン（砂利の庭）では、みずみずしい新葉は萌え出すと同時に急速に広がり始める。さまざまな理由で冬を生き残れなかった植物を、この時期には簡単に見極めることができる。

大きな葉を持つカルドン（アーティチョークに似たキク科の多年草）などは、前の年に自分の命をかけて大量のタネを残して終わってしまう株もある。

気まぐれなハタネズミに花や根を食べられてしまう植物もあれば、はっきりとした理由もなしに枯れてしまう植物も多い。しかし、たくさんある中からひと株かふた株しか残らなくても心配するにはおよばない。それはまさに自然における選抜の過程、または適応生存だからである。

ある植物のほとんどが消滅したとしたら、間違いなく別の植物に植え替える時期が来たのだ。地面にあき場所ができたことを、新しい植物に挑戦するチャンスとみなそう。

また、なんとか生き残った植物があれば、庭の中でもっと合いそうな場所に植え直してやればいい。それだけで素晴らしい効果が上がることは意外と多い。あとは彼らに残された日数を教え、ここでだめなら私の堆肥の山に直行させるよ、と脅しをかけるのだ。

小さな9cmのプラ鉢で育った若いノガリヤス（カラマグロスティス・ブラキトリカ）は、近所の道沿いで私の目に留まった成熟した株から採取したタネから育てたものだ。春から秋まで、みずみず

早春の八ヶ岳ナチュラルガーデン。白い部分が砂利でできたグラバルガーデン。

早春のグラバルガーデンでノガリヤスの苗の配置を考える。

PART3：私の庭仕事カレンダー

ノガリヤスの7月22日の姿。葉は長さ30〜60cmで、これから秋にかけて高さ1.5mにおよぶ花穂を立ち上げる。

April, 22th

アメリカアジサイ"アナベル"の切り戻し

アメリカアジサイ"アナベル"の咲き終わった花がらは、冬を通して庭で歓迎すべき美しさを示すが、春になったら新たな成長のために取り除かなければならない。つぼみは茎の先端につくが、このアジサイの花は地際で切り戻してやると一番よい。切らずに放っておくと、小さな花がまばらについたひょろ長いわき芽が伸びて見苦しくなるからだ。地際で切り戻すとこんもりとした小山のような茂みになり、その上に大きな球状の花房をつける。

ない。地際からしっかりした新しい枝が伸びていたら、去年の枝を残す必要はないが、私は古い枝を残すようにしている。

そうすることで花壇の中で作業中に、私がまた、うっかりして踏みつけて、植物を傷めてしまうことを予防することができるからだ。

（上）アメリカアジサイ'アナベル'の存在感のある花がら。残しておけば冬の庭の見どころとなる。（下）春の切り戻しは必ず地際で行う。

May. 12th

多年草の植え替え

この宿根アスターは、タンポポやスギナに侵入されて固まったマットのようになってしまった。アスターはそれでも花をつけるが、このような状況になると健康でたくましく成長する雑草に抑えられて花は小さくなってしまう。

上手に雑草を追い出したら、勢いを取り戻させるためには、掘り上げて株分けすることが必要になる。まず根のかたまりの片側をスコップや重い刃のクワで大きめにカットすることから始める。

すべての根を掘り上げ、順番に掘り進める。とりわけタンポポやスギナなど根が深く張るものを取り除くには、時間をかけて深く掘らなければならない。

すべての植物をいくつかのかたまりに分けたら、再度植えられるようになるまで、かためて日陰の場所に移しておく。植えるまで2週間ほど間があきそうなら、地面のあいた場所に仮植えしておく。仮植えができない場合は、上から腐葉土か土か麻袋などで覆い、乾燥を防ぐようにする。

雑草をすべて取り除いたら、堆肥か腐葉土を混ぜて土壌改良する絶好の機会だ。堆肥と腐葉土はそれほど深く混ぜる必要がない。

あとはミミズにまかせれば、やってくれる。

大きな多年草のかたまりは扱いやすいように小さく切る。作業をビニールシートの上で行えば、残った土から根っこを取り除いて花壇に戻すことができる。

宿根アスターと雑草が満員電車の車内のように押し合って身動きできない状態。

（右）大きな厚切りで掘り上げて、さらに細かく切り分ける。
（左）植え穴を掘る。雑草の根が残らないように深めに耕す。

PART3: 私の庭仕事カレンダー

（右）株分けして植えたばかりの宿根アスター。水をたっぷりとやる。
（左）2週間経てば根を下ろし、葉を広げて丈夫そうな色つやになる。

元の株の外側にあった最も丈夫そうな部分を選び、準備の整った場所に必要な間隔をあけて植える。植物の周りのむき出しの地面は、腐葉土やバーク堆肥で完全に覆って、雑草の発芽を防いでやる。

May. 27th
コティヌス"グレース"とシモツケ"ゴールドフレーム"の切り戻し

素晴らしい葉色のコティヌス"グレース"は、毎春強めに切り戻せば、通常より大きい葉をつける。4月に昨年の枝の2～3芽を残してすべて切り戻したものは、今では濃い紫色の新しい枝をたくさん出している。わき芽がどこかから伸びるかは予測がつきにくく、思ったとおりに下から出ることもある。事前には見えなかったが、将来の判断の助けになるように、どの木が刈り込みにどのような反応をしたかを書き記しておくといい。

もしケムリのような花が見たければ、2年目の枝に花が咲くので、切り戻してはいけない。しかし毎年切り戻せば、花は咲かないがその代わりにとびきり美しい特大の葉を保障する。

シモツケ"ゴールドフレーム"は、放ったらかしにされると密集して小枝が多くなり、困った状態になる。強いわき芽を出させるため春に基部から切り戻せば、小さな葉と花が大きくなるというご褒美がある。

（右）4月22日に強めに切り戻したコティヌス'グレース'。（左）5月27日には濃い赤紫の葉色の元気な姿を見せる。

（右）早春に強く切り戻したシモツケ'ゴールドフレーム'は、4月22日には赤く芽吹く。（左）5月27日には黄緑色のこんもりとした小山となる。

June. 9th 水草の植えつけ

野生のコウホネを選んだ。6月から9月にかけて、キンポウゲに似た黄色い花をンポウゲに似た黄色い花を硬い花茎を持ち上げて水の上に咲かせる。植えつけ袋は麻袋を切って作った。

ポットから抜いたコウホネを袋の中に入れ、しっかり沈めるために砂利や小石をつめる。根は名前のとおり白い骨のような形をして袋の口から中身が出ないように紐でしっかりしばる。袋の口から中身が出ないように紐でいくつか石をしばって沈める。

6月上旬から水草はよく育ち始めるが、この時期は新しい植物を植えるのに理想的な時期でもある。掃除を終えた池に植えるものに6月の暖かな気候ならば、すぐに新しい根が袋から池の底に伸び出す。麻袋は分解機能があるので、やがて根鉢と一体化する。

池が歩いて渡れるほど浅ければ、水中で袋を押して泡を出しながら空気を抜いて底に沈ませる。自然の池のなら足で袋を押して土に埋め込み、人工の池なら袋

（上から）コーヒー豆を入れる麻袋を必要な大きさに切って使用する。袋に土と重しの石を入れて植える苗をポットから取り出す。苗を植えたら袋の口を紐でしっかりしばる。袋の空気を徐々に抜きながら底に沈める。

June. 9th 多年草の摘心

庭の多年草をより長く咲かせるために摘心（ピンチ）すると、切ったところより下から新しい芽が出る。写真のように先端を摘み取れば、花が咲くのが遅れて花記を延ばすことができる。多くの多年草は切り戻しや茎の選抜をすることができる。写真はヘレニウムの園芸品種で、キク科に属し、摘心によく反応して少しコンパクトな姿に小さな花をたくさんつける。植物の摘心は多くの可能性のある分野だが、本で調べてもあまり載っていない。

異なる時期に異なる植物を使ってあなたの庭で行う実験は確実に価値があるので、結果を記録したい。

摘心は木や草花の先端の芽を摘んで、必要以上に伸びるのを止めて、わき芽の発生や開花・結実を促す効果がある。

July. 7th 夏の雑草取り

ひとたび7月たけなわの庭にあなたが入ったなら、多くの植物が最盛期を迎えている。この時期になると最もきつい仕事は終わり、マルチングの中からところどころ出てきている雑草を抜く作業がある程度だ。雑草を抜いたあとにあいた穴をひと握りの腐葉土で埋めるのを忘れてはならない。

夏のこの時期は植え替えも株分けも終わり、夏休みの計画などを考えながら…、自然に顔もほころぶ。

July. 7th
害虫のチェック

もしあなたが植物を日常的に観察するなら、いかなる害虫の大発生も早期に発見して防ぐことができる。3匹の巨大なコガネ虫の恋人たちがバラの花の上にいるが、すぐに私に発見されて堆肥の山へ。

July. 8th
夏のナチュラルガーデンで

ナチュラルガーデンはピークを迎える。庭には花が群れ咲き、空間はさまざまな虫と鳥であふれている。地面では同じように、ちょっと歩いただけでカエルやトカゲが姿を見せ、虫の大群が音と動きをつけ加える。たいくつな瞬間などどこにもない。

ナチュラルガーデンのやせた石だらけの土壌では、植物はコンパクトで花はよく咲き、私が手助けすることは何もない。私の仕事は、ベロニカストラム〝ファシネーション〟の紫に白のハイライトの入った花が咲くと、ハチはその蜜の魅力に抗うことができない。だじめじめした状態を喜び、すぐに広がって群落になる。クサレダマは同様のじめの花々を引き立てるために、芝生部分を短く刈りそろえることくらいである。

星形に輪生する葉の大きなかたまりをつくり、ふわっと漂うような美しい景色をつくるのだ。非常な寒さに耐えるが、低地での暑い夜を嫌う。

クサレダマは同様のじめじめした状態を喜び、すぐに広がって群落になる。湿ったやせ地でからこそ、野草の一群を鎌で切ることや、アシの一群が庭に侵入してくることや、

(右) クガイソウの仲間のベロニカストラム'ファシネーション'。
(左) クサレダマの黄色い花は7〜8月に咲く。

Sept. 2th 夏の庭を彩る葉の組み合わせ

知の上で冒険してみることに決めた。来年6月下旬、切り戻したら、ブドウに似たより小ぶりな株にするため大きな葉と強烈な赤黒色の茎を強く立ち上げる。

私はオールドローズの花壇の間に何かまかまうものを入れて変化を出したり、夏が過ぎてバラの機嫌がとりわけ悪くなったときに役に立つ色をつけ加える。

このパニカムの間には人工的に見える支柱を使わずに支えるためにフィソカルパス〝ディアブロ〟のような硬い木性の植物を植え

私はいつも庭に黄色と紫の対比を作るのが好きだが、そのためには目に入りやすい緑の背景が確実に必要となる。これらの緑の引き立て役はベースとなるパニカムとカラマグロスティスとモリニアによって用意される。木の上は周辺の森の仕事となる。

高さ1.5mの茎と明るい青色の葉を持つ、私のパニカム〝プレーリースカイ〟の大株は、豪雨と風の連合で倒れた。私はこの弱点を承

(右)フィソカルパス'ディアブロ'(左)パニカム'プレーリースカイ'

(上)グラス類の背景には赤黒いコティヌス'グレース'と、そのうしろにキササゲの仲間のカタルパの明るい黄緑色の葉を。(下)パニカムを切るときは手を切らぬように注意する。

グラス類の中で私がもっとも好きなチカラシバ。

Sept. 2th
夏の終わりの手入れ

やっと最悪の暑い夏が終わった。庭の多くの植物はくたびれたように見えるが、暖かい季節のグラス類は夏咲きの宿根草のように美しい花穂を作っている。雑草はまだ成長を止めず、ガーデンの縁を取り巻くグラス類も成長を止めない。草の園路は草刈り機によって、注意深く頭ぞろえにまっすぐ刈られる。このように自然に見える庭では園路を小ぎれいにすることがとても大事で、さもないと庭がだらしなく見えてしまう。園路と花壇の縁は部にくたびれた葉が残ってきれいに整っていると、多くの人は花壇に多少の雑草があっても気づかない。

庭の角や急斜面などの手ごわいところは、草刈り機でなく、鎌で刈るようにしている。鎌の刃は常に砥いでおくこと。なまくらな刃は切るのに力が要るし、すぐにあなたを疲れさせる。そしてそんなときに事故が起こりやすいのだ。

Sept. 15th
初秋の多年草

9月中旬になると多年草は冬の準備に入る。株元には小さな葉が地面に張りついているかもしれない。頂草をしっかりと株分けするときでもある。この時期に行うのは、冬が来る前に植物が根を下ろす時間が十分にあるからだ。

寒くなってきても土はまだ暖かく、根の成長には理想的で、耐寒性のある多年草の株元には新しい緑色の葉があるので、すでに切り戻す準備ができている。

セイヨウノコギリソウの株元には新しい緑色の葉があるので、すでに切り戻す時期だ。

ている。果穂が魅力的でなくタネもいらなければ切りている。普通は果穂もついていれば、

土中にまだ暖かさがある9月中旬のうちに植え替えや株分けの作業を行う。

Sept. 15th 秋の植えつけ

かりきれいにし終ったらシートの下か水の入ったバケツに入れておく。根は決して乾燥させてはならない。さらに言えば曇った日に行うのが理想だ。

植物を株分けし、雑草や古い部分を取り除いて、すっかりきれいにし終ったらシートの下か水の入ったバケツに入れておく。

（右上）地面は前年に掘り起こされている。使うのは私の山菜掘りのみ。（右下）植物を同じ位置かわずかに深く埋め戻し、手のひらでなく指でしっかりと押さえる。（左上）根の長さは心配ない。新しい根が切った上からすぐに出てくる。無理やり曲げると死んでしまう。（左下）周りに充分な広さを取って葉に触れぬように植える。周りをマルチして雑草を押さえ込み、水もちをよくする。

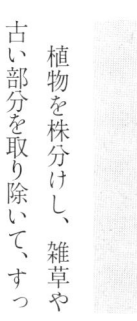

Sept. 15th 秋の見張り番

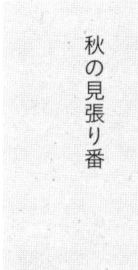

「あいつ（ポール）の庭仕事を見張っているだけで、おなかがすいてきた…」アマガエルとヒキガエルは大量の昆虫を食べるので、庭にうれしい訪問者だ。彼らが庭にいることは、周囲の環境が健康に維持されていることにほかならない。もし生息地が失われるか汚染されたなら、カエルは消滅する最初の生き物であり、それゆえあなたの周りの健康のよい指標となる。

非常にリラックスしてだれかを見張っている。

・フイリススキ
（ススキ'モーニングライト'）........ 50

フイリミズキ........ 61・62

・フウチソウ（ベニフウチソウ）........ 34

・フウチソウ（オウゴンフウチソウ）........ 46

フェイジョア........ 61・62

フジアザミ........ 22

フトイ（斑入り）........ 41・42

フリチラリア・メレアグリス........ 41・42

プリムラ・ブルガリス........ 33・34

・プリムローズ（プリムラ・ブルガリス）........ 34

・ブルーキャットミント
（ネペタ×ファーセニー）........ 21

ブルンネラ'ジャック・フロスト'........ 33・34

フレンチラベンダー........ 23

フロミス........ 23

ペニセツム'リトルバニー'........ 23

ベニフウチソウ........ 33・34

ベルゲニア'ウインターグラット'........ 24

・ベンガルタイガー
（カンナ'ストリアータ'）........ 47

ペンステモン・スモーリー........ 24

ホスタ'ポールズグローリー'........ 33・34

ホスタ'メディオバリエガタ'........ 53・54

マ行

マコモ........ 41・42

・マルバダケブキ（リグラリア
'ブリット-マリー・クロフォード'）........ 54

マルメロ........ 63・64

ミツバウツギ........ 63・64

ミツバシモツケ........ 33・34

ミナヅキ........ 63・64

ミヤギノハギ白花........ 63・64

モリニア'ハイデブラウト'........ 24

ヤ行

ヤナギ'白露錦'........ 53・54

ヤナギバアカシア........ 63・64

ヤナギバヒマワリ........ 25

ヤブラン........ 33・34

ユーパトリウム'チョコレート'........ 53・54

ユーフォルビア・ポリクロマ........ 25

ラ行

リキュウバイ........ 63・64

リクニス'ホワイトロビン'........ 41・42

リグラリア・ブルゼワルスキー........ 41・42

リグラリア'ブリット-マリー・
クロフォード'........ 53・54

ワ

ワトソニア........ 25

サ行

- サカキ（フイリサカキ）........ 62
- サッカラム・ラヴェンナ 20
- サラセニア .... 39・40
- サルビア'ライムライト' 20
- シデシャジン 30
- シノブ 30
- ・シベリアユキノシタ
  （ベルゲニア'ウインターグラット'）........ 24
- シマダンチク .... 47・48
- シモツケ'ライムマウンド' .... 49・50
- シモツケソウ'レッドアンブレラズ' .... 49・50
- シャリンバイ'スプリングタイム' .... 57・58
- ジョンキルスイセン .... 39・40
- シラネセンキュウ 31
- スイカズラ'オーレオレティキュラータ' .... 49・50
- スイスチャード .... 49・50
- スキザクリウム・スコパリウム .... 49・50
- ススキ'モーニングライト' .... 49・50
- セイヨウヒイラギ'サニーフォスター' .... 51・52
- センダイハギ 20
- ソルガストラム'インディアンスティール' 21

タ行

- タイワントキワアジサイ .... 59・60
- タガネソウ 31
- タニウツギ .... 59・60
- ダンコウバイ .... 59・60
- ・チャイブ（アサツキ）........ 17
- チャンチン'フラミンゴ' .... 51・52
- テイカカズラ'黄金錦' .... 51・52
- テコマリア'ルテア' .... 59・60
- テンニンソウ 31
- ドウダンツツジ .... 59・60

ナ行

- ナチシダ 32
- ナルコユリ 32
- ・ナンジャモンジャ（ヒトツバタゴ）........ 62
- ニセアカシア'アルトドルフ' .... 51・52
- ニューサイラン'ジェスター' .... 51・52
- ネペタ×ファーセニー 21
- ノコンギク 21
- ノハナショウブ .... 39・40

ハ行

- バイカウツギ .... 59・60
- ハウチワカエデ'舞孔雀' .... 61・62
- ・ハナトリカブト
  （アコニタム'アレンジー'）........ 27
- パニカム'シェナンドア' 22
- ハマナス .... 61・62
- ハマヒルガオ 22
- ヒトツバタゴ .... 61・62
- ヒトモトススキ .... 41・42
- ヒトリシズカ 32
- ・ヒメイカリソウ
  （エピメディウム'ニベウム'）........ 28
- ヒメツルニチニチソウ'イルミネーション' .... 51・52
- ヒューケラ'パレスパープル' .... 53・54
- ファッツヘデラ .... 53・54
- フイリサカキ .... 61・62

INDEX

索引 本書に紹介した植物　　＊「・」のついたものは項目名以外の別名および植物名。

ア行

アカンサス 27

アコニタム'アレンジー'........ 27

アサギリソウ .... 45・46

アサツキ 17

アジュガ'カトリンズジャイアント'........ 37・38

アジュガ'バーガンディーグロー'........ 45・46

アストランチア .... 37・38

アベリア'フランシス・メイソン'........ 45・46

アムソニア 17

アメリカキササゲ'オーレア'........ 45・46

アメリカハナズオウ'シルバークラウド'........ 57・58

アメリカモチノキ .... 57・58

イ .... 37・38

イキシオリリオン 17

イグサ .... 37・38

イトススキ 18

・イヌコリヤナギ（ヤナギ'白露錦'）........ 54

・ウインターベリー（アメリカモチノキ）........ 58

ウラジロ 27

エキナセア 18

エピメディウム'ニベウム'........ 28

・エルサレムセージ（フロミス）........ 23

オウゴンフウチソウ .... 45・46

オオバベニガシワ .... 57・58

オオバセンキュウ .... 37・38

オゼコウホネ .... 37・38

オヤマボクチ 28

オレガノ'ノートンゴールド'........ 45・46

カ行

カキツバタ .... 37・38

カタクリ 28

カマシア・リヒトリニー .... 39・40

カラマツソウ .... 39・40

カリガネソウ 18

カレックス'シルバーセプター'........ 29

カンナ'ストリアータ'........ 47・48

・キズイセン（ジョンキルスイセン）........ 39

キバナホウチャクソウ 29

キョウチクトウ'バリエガタ'........ 47・48

クリンソウ .... 39・40

ケナシヤブデマリ .... 57・58

ゲラニウム'ジョンソンズ ブルー'........ 19

ゲラニウム'ホーカスポーカス'........ 47・48

コウザキシダ 29

コガクウツギ .... 57・58

コシダ 30

コマツナギ 19

コルディリネ'アトロブルプレア'........ 47・48

・ゴールデンピラミッド（ヤナギバヒマワリ）........ 25

コロカシア'ブラックマジック'........ 47・48

コンボルブルス 19

78

協力一覧

編集協力
深澤てる　ガーデンルームス

撮影
松川 裕（講談社写真部）

写真提供
谷本 夏　studio track72

デザイン＆装丁
工藤亜矢子 + 伊藤 悠　okappa design

ガーデンルームスはポール・スミザーのガーデンデザイン事務所です。
ガーデンをもうひとつの居住空間としてとらえ、
植物とともに生活する純粋な喜びを
多くの人に実感していただくためにガーデンデザインをしています。
生態系を重視した庭づくりを通して、
生物多様性につながる環境づくりの情報を発信しています。
お問い合わせ、ご意見、ご感想はこちらまで。

有限会社　ガーデンルームス
〒 409-1502　山梨県北杜市大泉町谷戸 3611
TEL：0551 − 38 − 3025
FAX：0551 − 38 − 3026
E-mail：grs@gardenrooms.co.jp
http://www.gardenrooms.jp/

ナチュラルガーデンの四季を彩る草花と花木
ポール・スミザーのおすすめ花ガイド

2013年10月7日 第1刷発行

著 者　ポール・スミザー
発行者　鈴木　哲
発行所　株式会社　講談社
　　　　〒112-8001　東京都文京区音羽2-12-21
　　　　販売部　℡ 03-5395-3625
　　　　業務部　℡ 03-5395-3615
編 集　株式会社　講談社エディトリアル
代 表　田村　仁
　　　　〒112-0013　東京都文京区音羽1-17-18
　　　　護国寺SIAビル6F
　　　　℡ 03-5319-2171
印 刷　大日本印刷株式会社
製本所　大口製本印刷株式会社

定価はカバーに表示してあります。
落丁本、乱丁本は購入書店を明記のうえ、小社業務部へお送りください。
送料小社負担にてお取り替えいたします。
なお、この本の内容についてのお問い合わせは講談社エディトリアルあてに
お願いします。

本書のコピー・スキャン・デジタル化等の無断複製は
著作権法上での例外を除き禁じられています。
本書を代行業者等の第三者に依頼してスキャンやデジタル化することは、
たとえ個人や家庭内の利用でも著作権違反です。

N.D.C.629　79p　21cm
© Paul Smither 2013
Printed in Japan
ISBN978-4-06-218555-4